Meneau/Cean · Kochen wie gemalt

Marc Meneau
Annie Caen

KOCHEN WIE GEMALT

Meisterwerke aus Kunst und Küche

Fotografien Daniel de Nève
Styling Isabelle Hintzy

Müller Rüschlikon Verlags AG, CH-Cham/Zug

Copyright © 1992 Société Nouvelle des Editions du Chêne
Titel des französischen Originals: Musée Gourmand, erschienen bei Editions du Chêne,
79, bd Saint-Germain, F-75288 Paris Cedex 06
Die Übersetzung erfolgte durch Clemens Wilhelm

ISBN 3-275-01070-0
1. Auflage 1993
Copyright © by Müller Rüschlikon Verlags AG, Gewerbestrasse 10, CH-6330 Cham
Sämtliche Rechte der Speicherung, Vervielfältigung und Verbreitung sind vorbehalten.
Satz: F. X. Stückle, D-77955 Ettenheim
Printed and bound in France

INHALT

VORWORT

Ebenso wie die Musik und die Malerei ist die Haute Cuisine wesentlicher Bestandteil der Kunst und Kultur. Die großen Küchenchefs, die ebenso die alten Traditionen hochhalten wie auch Schöpfer erlesener neuer Rezepte sind, beglücken uns mit neuen Geschmackserlebnissen, deren Grundlage handwerkliches Können, Intelligenz und Sensibilität sind. Einer von ihnen ist Marc Meneau. Er zählt zu der kleinen Schar derjenigen, für die die Haute Cuisine künstlerisches Ausdrucksmittel ist. Eine Mahlzeit ist für ihn eine Symphonie, deren Sätze nach einer genau festgelegten Reihenfolge komponiert sind: Allegro, Andante, Menuett und Allegro vivace.

Ich hatte die Gelegenheit, während meiner Reisen in Frankreich und insbesondere in Vézelay, wo ich anläßlich der Schallplattenaufnahmen der Bach-Suiten für Violoncello einige Wochen weilte, die Talente verschiedener großer Küchenchefs schätzen zu lernen. In der Abteikirche stellte ich mich mit allen meinen Kräften in den Dienst der Musik. Am Abend widmete Marc Meneau im *L'Espérance* seine Kräfte dem Dienst an der großen Küche.

Die Erinnerung an ein außergewöhnliches musikalisches Ereignis prägt sich unserem Gedächtnis ebensosehr ein wie ein Gemälde, das uns besonders beeindruckt hat, oder eine Mahlzeit, die uns begeistert hat. Gibt es einen Unterschied zwischen diesen Ausdrucksmitteln? Das Buch von Marc Meneau und Annie Caen will Ihnen hierauf Antwort geben.

Mstislaw Rostropowitsch

EINLEITUNG

Bevor ich die Idee zu diesem Buch hatte, hatte ich mir niemals richtig klar gemacht, daß der Koch an seinem Herd in Wahrheit Küchengemälde schafft. Ich glaube in der Tat, daß der Koch, wenn er an die Arbeit geht, dasselbe empfindet wie der Maler vor der weißen Leinwand.

Dort, wo über dem Klappern der Töpfe köstliche Düfte aufsteigen, streichen die Finger des Kochs sanft über ein schönes Geflügel aus Bresse, er putzt, tranchiert und wälzt es in Mehl. Unter seinen Händen wird das Weiß safrangelb, dann kastanienfarben, die flüssige Sahne dickt ein, die Sauce nimmt die Farbe von goldenem Weizen an. Mit einem Schuß rosa Hummercreme gibt er dem strengen Braun des Seeigels einen wärmeren Ton; er verleiht Konturen und Fülle, schafft Harmonie und Proportionen.

Die Intuition und Imagination, die den Maler auszeichnen, sind auch die Triebfedern seiner Inspiration.

Eines Abends waren Françoise und ich bei unseren Freunden Annie und Jacques Caen eingeladen. Annie, die es liebt, für ihre Gäste zu kochen, sagte zu uns: „Heute abend habe ich für Euch einen Delacroix gekocht." Dann brachte sie ein Gericht zu Tisch, das uns einen Augenblick die Sprache verschlug. Vor unseren

Eugène Delacroix, *Stilleben mit dem Hummer.*

Augen stand eine Interpretation seines *Nature morte au homard.* Dieses Gemälde mit den irgendwie widerstreitenden Elementen vor einer englischen Landschaft hatte Annie zu einem Poulet Marengo inspiriert ...

Dies war der zündende Augenblick, an dem uns die Idee kam, originale Rezepte zu entwickeln und uns dabei von Gemälden inspirieren zu lassen. Um die Stunde der guten Zigarre und des schwarzen Kaffees war unser Entschluß gefaßt, gemeinsam dieses Buch zu schreiben.

Auf gut Glück stürzten wir uns als Neulinge in die zauberhafte Welt der Malerei. Wir wählten zunächst etwa vierhundert Gemälde aus, von denen schließlich nur siebzig übrigblieben. Nichts als das gemeinsame Gefühl bestimmte unsere endgültige Auswahl. Bei dieser Verbindung der Malerei mit der Küche war es unser Bestreben, Augenblicke der Ewigkeit in zeitlichere Genüsse zu verwandeln.

Bei der Arbeit an diesem Buch gab es beeindruckende Augenblicke, u.a. denjenigen, als wir Dalí und seinem *Buisson d'écrevisses* gegenüberstanden. Dieses außerordentliche Werk inspirierte uns schließlich zu einem ausgefallenen Rezept: der Krebsschwänzeterrine mit Trüffeln. Den Liebhabern der großen Küche muß es ein wahres Vergnügen sein, sich an dieses Rezept zu wagen. Aber auch das Schlichte hat uns beflügelt, und so haben wir versucht, dem *Pot-au-feu* von Bou-nieu eine aufwendigere Variante gegenüberzustellen, und Ihnen einen Luxus-Pot-au-feu vorgeschlagen. So haben uns die einzelnen Bilder inspiriert, das matte Gold des geräucherten Herings von Metsu, die Groß-artigkeit der Brioche von Chardin, der luftige, dufti-ge Schmelz der Früchte von Renoir oder auch das augenzwinkernde Bild Kozos.

Michel Honoré Bounieu,
Die Zubereitung des Pot-au-feu.

Diese aufregende Arbeit nahm drei Jahre in Anspruch. Wir haben sehr viel Zeit, unsere ganze Sensibilität und unser Können investiert. Alle Rezepte wurden in den Küchen des l'Espérance zubereitet, teilweise aber auch von Annie Caen. Sie sind ohne weiteres auch von Amateuren nachzukochen, sofern sie nur ein wenig Begeisterung aufbringen.

Die Aufnahmen für die Abbildungen der Rezepte in diesem Buch entstanden im l'Espérance. Koch, Fotograf und Stilist haben einen Monat lang mit kompromißloser Sorgfalt an unsercr Seite gearbeitet. Wir möchten dies nur an dem folgenden hübschen Beispiel verdeutlichen: Um das Rezept für den gegrillten Aal in Montpellier-Butter aufzunehmen, ließen sie es sich nicht nehmen, sich auf die Suche nach einer Nachbildung einer alten Fayence von Montpellier zu machen.

Am Ende dieser außergewöhnlichen Unterneh-mung glauben wir sagen zu können, daß den Maler wie den Koch die Neigung zum Ausgefal-lenen, Sensibilität, aber auch eine unter der Finesse und dem Raffinement sich verbergende Strenge beseelen. Wir hätten diesem Band gerne noch etwas hinzugefügt, denn wir sind über-zeugt, daß, wie Baudelaire sagt, Düfte, Farbe

und Klänge einander entsprechen. Schubert hät-te die *Forelle* von Courbet begleiten können, und die Marseillaise das Huhn Marengo … Es ist uns eine außerordentliche Freu-de, daß Mstislaw Rostropowitsch sofort bereit war, das Vorwort zu unserem Buch zu schreiben. Wir könnten uns keinen besseren Botschafter als Symbol für die Verbindung von Handwerk und Kunst vorstellen.

Im alten Griechenland war es beim vor-nehmen Bürgertum von Athen Sitte, Gä-ste mit einem kleinen Gemälde einzula-den, das ein Stilleben zeigte, dem soge-nannten Xenion, das die Funktion einer Visitenkarte hatte. Es ist unser Wunsch, daß dieses Buch in derselben Weise für den Leser über das Bild zu einer Einladung zum Essen wird. Wir geben unserer Hoffnung Ausdruck, daß dieses Buch nicht als gewöhnliches Rezept-buch konsumiert wird, sondern für den Leser ein Buch der großen Küche, der Kunst und der Phantasie sein möge.

Pierre Auguste Renoir, *Südfrüchte.*

VORSPEISEN

Théophile Schuler, *Picknick auf dem Lande bei Straßburg*.

SOUPE AUX ŒUFS, ASPERGES EN CIGARETTES

Bouillon mit Ei und Spargelröllchen

Für 4 Personen

1 mittelgroßes Huhn - 500 g Rindfleisch (Schulterstück) - Aromen - 1 Zwiebel, mit 2 Gewürznelken besteckt - 2 Knoblauchzehen, zerdrückt - einige Stangen Lauch - 1 Schalotte - 1 Bund Schnittlauch, blanchiert - 1 Bouquet garni - 1 Zwiebel mit der Schale, halbiert und auf einer elektrischen Platte leicht angebräunt - 3 Eier - 12 grüne Spargelstangen - 1 l Fritierfett - 4 Platten Blätterteig - 30 g zerlassene Butter - Salz, Pfeffer
Zum Klären: 3 Eiweiß - 2 Lauchblätter - 1 Karotte - 100 g mageres Rindfleisch - 50 g glatte Petersilie (alles feingehackt)

Zubereitung der Suppe

Das Huhn und das Rinderstück in einem großen Topf in kaltem Wasser aufsetzen, zum Kochen bringen und blanchieren. Abkühlen lassen. Den Topf ausspülen, reinigen und mit 4 l Wasser, den Aromen, dem Gemüse, Salz, Pfeffer und angebräunter Zwiebel nochmals aufsetzen.
Zum Kochen bringen und 3 Stunden leise simmern lassen. Das Fleisch herausnehmen und anderweitig verwenden. Die Bouillon sehr sorgfältig durch eine Etamine abseihen. Auf Eis abkühlen. Entfetten und klären (siehe Grundtechniken).

Zubereitung der Eier

Die drei Eier mit der Gabel in einem Gefäß schlagen und über einem halben Liter geklärter Bouillon durch ein Spitzsieb passieren, so daß die Eier gerinnen. Abtropfen lassen und beiseite stellen.

Zubereitung der Spargelröllchen

Zwölf grüne Spargelstangen schälen und kochen (siehe Seite 14). Die 6 bis 7 cm langen Spitzen beiseite stellen.
Aus dem Teig 6 bis 7 cm lange und 4 cm breite Stücke ausschneiden und mit zerlassener Butter bestreichen.
Jede Spargelspitze in ein Teigstück einschlagen. Die Spargelröllchen mit den Schnittlauchstengeln verschnüren. In heißem Öl Farbe annehmen lassen. Auf Küchenkrepp abtropfen lassen. Warm stellen.

Präsentation

Die heiße Bouillon in vier tiefen Tellern servieren. Die Eifäden anrichten. Die Spargelröllchen dazu reichen.

Edouard Manet,
Spargelbündel.

CRÈME D'ASPERGES
À LA ROYALE

Spargelcremesuppe à la royale

Für 4 Personen

*2 kg grüner Spargel - 50 g feingehackte Schalotten -
20 g feingehackte Knoblauchzehen - 50 g Butter - 20
g Zucker - 2 l entfettete Hühnerbrühe - 1/4 l flüssige
Sahne - 3 Eigelb - grobes Salz, Pfeffer.*
*Royales: 200 g Spargelspitzen (von den 2 kg Spargel
abgenommen) - 2 ganze Eier und 1 Eigelb - Salz,
Pfeffer, Muskatnuß - 2 cl flüssige Sahne - 20 g Butter.*

Zubereitung der Spargelcreme

Die Spargelstangen sehr sorgfältig schälen. Die kleine Spitze des Spargelkopfs, die Sand enthalten kann, entfernen.
Die Spargelstangen waschen. Die Spitzen aufbewahren und
die Enden feinhacken. Schalotten und Knoblauch in der
Butter andünsten, aber keine Farbe annehmen lassen. Zuk-
ker und Spargelenden dazugeben. Unter ständigem Rühren
leise köcheln lassen. Mit der Bouillon aufgießen. Salzen,
pfeffern und 30 Minuten bei schwacher Hitze garen.
In der Zwischenzeit die grünen Spargelspitzen in reichlich
kochendem, stark gesalzenem Wasser (um die Farbe zu
konzentrieren) abgedeckt kochen. In Eiswasser rasch abkühlen. Vorsichtig auf einem Tuch abtropfen lassen. 200 g
für die Herstellung der Royales beiseite stellen.
2 bis 3 Minuten vor dem Ende der Garzeit der Bouillon die
restlichen grünen Spitzen hinzufügen, dann die Bouillon in
den Mixer geben und durch eine Etamine filtrieren.
Die Sahne auf ein Drittel einkochen und unter die Spargel-
suppe ziehen. Abschmecken und warm stellen.

Zubereitung der Royales

Backofen auf 100 C vorheizen.
Die beiseite gestellten Spargelspitzen pürieren. Eier, Muskatnuß und Sahne dazugeben und salzen und pfeffern; man
erhält eine kräftig grüne Mousse.
4 Porzellanförmchen (Eierförmchen) von 6 bis 10 cm
Durchmesser mit Butter auspinseln. Mit gebuttertem Küchenpapier auslegen. 1 cm dick mit Spargelcreme auffüllen.
Im Wasserbad 20 Minuten im Backofen garen. Herausnehmen und warm stellen.

Präsentation

Die Spargelcreme kurz aufkochen, vom Feuer nehmen, mit
dem Eigelb binden und nicht mehr zum Kochen bringen. In
tiefe Teller schöpfen. Vorsichtig eine Royale auf jede Spar-
gelcremesuppe gleiten lassen.

LAIT DE NOISETTES AU POTIRON

Haselnußmilch im Kürbis

Für 4 Personen

1 kleiner Kürbis - 1,5 l Milch - 250 g geröstete, geschälte und zerstoßene Haselnüsse - 2 dl flüssige Sahne - weißer Pfeffer, ganz - 50 g Butter - Salz, Pfeffer.

Zubereitung der Haselnußmilch

200 g Haselnüsse unter die Milch ziehen. In einer mittleren Kasserolle zum Kochen bringen. 20 Minuten auf sehr schwacher Hitze ziehen lassen. Abkühlen lassen.

Zubereitung des Kürbisses

Den Kürbis halbieren, die Kerne und die Fäden herausnehmen und den Kürbis schälen. Drei Viertel des Kürbisses in große Stücke schneiden und salzen. 2 Stücke mit 3 Pfefferkörnern bestecken. In einer mittleren Pfanne die Sahne aufkochen lassen, die Kürbisstücke dazugeben und auf sehr kleiner Flamme 30 Minuten garen. Mit einem Messer Garprobe machen. Im Mixer zu einer sämigen Creme verarbeiten. Den restlichen Kürbis *en brunoise* schneiden. Beiseite stellen.

Fertigstellung

Die Haselnußmilch filtrieren, aufkochen lassen und die Kürbiscreme unterziehen. Abschmecken. 20 g frische Butter dazuschlagen.
Die kleinen Kürbisstückchen in einer Pfanne goldbraun braten. Abtropfen lassen und auf Küchenkrepp beiseite stellen.

Präsentation

Die Suppe in 4 tiefen Tellern servieren. Mit Haselnüssen und den Kürbisstückchen bestreuen.

Henri Matisse,
Stilleben mit Kürbis.

SOUPE DE COURGES À LA COQUE

Kürbissuppe in der Schale

Für 4 Personen
4 Melonenkürbisse á 300 g - 100 g feingehackte gro-
ße weiße Zwiebeln - 2 l Geflügelfond (siehe Grund-
techniken) - 1/2 l flüssige Sahne - 20 g Zucker - 30 g
Butter - Salz, Pfeffer, Muskatnuß
Garnitur: *1 Melonenkürbis von 300 g, in kleine*
Würfel geschnitten - 100 g gestiftelte Mandeln - 20 g
geklärte Butter - Salz, Pfeffer - 2 dl geschlagene
Sahne ohne Zucker

Zubereitung der Suppe

Von jedem Kürbis einen Deckel abschneiden, das Fleisch
entfernen, das Innere reinigen und die ausgehöhlten Kürbisse an einem warmen Ort aufbewahren. In einer Kasserolle die Zwiebeln in 15 g Butter weichdünsten, aber keine
Farbe annehmen lassen. Das feingehackte Kürbisfleisch
hinzufügen, mit dem Geflügelfond aufgießen, Muskatnuß
darüberreiben, zuckern, salzen, pfeffern.
10 Minuten auf sehr kleiner Flamme garen, die Sahne hinzufügen, weitere 10 Minuten kochen und pürieren. Im
Wasserbad warm stellen. Auf der warmen Suppe 15 g Butter vorsichtig schmelzen lassen.

Zubereitung der Garnituren

Backofen auf 220 C vorheizen. Die Kürbiswürfel in 20 g
Butter anbraten, salzen und pfeffern. Abtropfen lassen
und warm stellen. Inzwischen die auf einem Backblech
großzügig ausgestreuten Mandeln anbräunen, ohne sie zu
dunkel werden zu lassen.
Die Sahne zu fester Konsistenz schlagen.

Präsentation

Den Boden der Kürbisse abflachen, damit sie einen guten
Stand haben. Garnitur in die Kürbisse geben und zu drei
Vierteln mit der Kürbissuppe füllen.
Auf jeden Teller einen Kürbis geben und mit einem Des-
sertlöffel die Schlagsahne auf die Suppe geben.
Mit den gerösteten Mandeln bestreuen. Den Deckel darauf-
geben.

POTAGE DE MELONS CONFITS

Melonensuppe

Für 4 Personen

*2 sehr süße Melonen à 500 g - 20 g Butter - 30 g fein-
gehackte weiße Zwiebel - Salz*
Garnitur: Von 1 Melone mit einem Kugelausstecher
Kügelchen von 2 cm Durchmesser ausstechen - 1 cl
Sherryessig - 10 g Zucker - 2 dl Sahne - 10 g Kerbel -
Salz, Pfeffer

Zubereitung der Suppe

Die Melonen aufschneiden, aushöhlen und das Fleisch herausnehmen.
In einer Kasserolle auf schwacher Hitze die Zwiebel 5 Minuten andünsten, aber nicht braun werden lassen. Das zerdrückte Melonenfleisch hinzufügen und mit 2 dl Wasser
aufgießen. Salzen (sehr wenig) und ein wenig Pfeffer aus
der Mühle dazugeben. 30 Minuten bei schwacher Hitze garen. Pürieren und kühl stellen.

Zubereitung der Garnitur

Die eine Hälfte der Melonenkugeln in ein wenig Salz ziehen
lassen, die andere Hälfte im gesüßten Essig, und zwar jeweils 15 Minuten. Die Sahne auf ein Drittel reduzieren.
Rasch auf Eiswasser abkühlen lassen. Die Melonenkugeln
abtropfen lassen, mit reichlich Wasser abspülen, auf einem
Tuch trocknen und zur abgekühlten Sahne geben.

Präsentation

Die Melonensuppe in Suppentassen gießen, die eingelegten
Melonenkugeln dazugeben und mit einigen Kerbelzweiglein
bestreuen.

CONSOMMÉ FROID DE PORTO
BLANC, AU MELON D'EAU

Kaltschale mit weißem Portwein
und Wassermelone

Für 4 Personen

*1,5 l Geflügelconsommé (siehe Grundtechniken) -
1 Flasche trockener weißer Portwein - 4 Blätter Gelatine, in kaltem Wasser eingeweicht - 10 g Kerbel -
1 Karotte - 1 Zwiebel - 1 Lauchblatt - 1 Stück Geflügelfleisch, roh - 15 g glatte Petersilie - 5 Eiweiß -
1 Wassermelone - Salz, Pfeffer.*

Zubereitung des Consommés

In einer mittleren Kasserolle den Portwein auf sirupartige
Konsistenz einkochen, mit dem Geflügelfond begießen,
aufkochen lassen und etwa 10 Minuten auf kleiner Flamme
köcheln lassen.
Das Klärgemüse mit dem Geflügelfleisch pürieren. Die Eiweiße mit Eisstückchen schaumig schlagen und das Gemüse
unterziehen.
Die Masse klären. Abschmecken und die Gelatine unterziehen.
Das abgekühlte Consommé in vier Glasschalen geben und
kühl stellen.

Präsentation

Die Wassermelone mit Hilfe eines Kugelausstechers ausschneiden. Die Consommé-Schalen auf einen flachen Servierteller stellen und mit zerstoßenem Eis umlegen. In jedes
Consommé einige Melonenkugeln geben und mit Kerbel
bestreuen.

Juan Sánchez Cotán, *Quitte,
Kohl, Melone und Gurke.*

CONSOMMÉ CLAIR DE ROUGETS
ET TOASTS AU FOIE

Klare Rotbarbensuppe mit Lebertoasts

Für 4 Personen

8 Rotbarben à 150 g (bitten Sie Ihren Fischhändler, beim Filetieren die Lebern und die Gräten aufzubewahren) - 200 g Seezungengräten - 100 g Karotten - 50 g Zwiebeln - 10 g Knoblauch - 100 g Lauch - 1 Tomate - 1 Bouquet garni - 1 Zweiglein frischer Koriander - 5 g frisches Fenchelkraut - 1 EL Olivenöl - Kerbel - 1 Blättchen Basilikum - Salz, Pfeffer
Zum Klären: 4 Eiweiß - 30 g Karotten - 50 g Lauchgrün - 10 g Stangensellerie - 100 g Merlanfilets - 1 Zweiglein frischer Koriander - 1 Kerbelzweiglein - 1 Zweiglein Anis
Toasts: 8 Scheiben frisches Stangenbrot, 1/2 cm dick - 10 g geklärte Butter - 8 Rotbarbenlebern - 10 g sehr fein gehackte Schalotten - 1 cl Sherryessig - Kerbelzweiglein - Salz, Pfeffer

Zubereitung der Bouillon

Das Olivenöl in eine tiefe Kasserolle gießen und die sorgfältig gewaschenen und zerkleinerten Gräten der Seezungen und Rotbarben hineingeben. Etwa 5 Minuten unter ständigem Rühren leise dünsten.
Das *en brunoise* geschnittene Gemüse dazugeben, umrühren, mit 3 l Wasser aufgießen, salzen, leicht pfeffern und Bouquet garni, Koriander, Fenchel und Basilikum dazugeben. Aufkochen lassen, das Feuer auf kleinste Stufe stellen und 45 Minuten garen. Diesen Fond durch ein mit einer feuchten Etamine ausgekleidetes Spitzsieb abseihen.
In einem Gefäß mit Eiswasser abkühlen lassen.

Klären

Den abgekühlten Fond vollständig entfetten und bis auf den Bodensatz in eine große Kasserolle abgießen. Die Merlanfilets und das Gemüse feinhacken. Zu einer homogenen Masse verrühren.
Die Eiweiße in einem Gefäß mit einigen Eisstückchen zu schaumiger Konsistenz schlagen. Die gehackte Masse unterziehen. Den Fond zum Kochen bringen, die Klärmischung hineingeben und unter vorsichtigem Rühren erneut zum Kochen bringen. Die Hitze reduzieren und nicht mehr rühren. Mit einem mittleren Schöpflöffel in die Mitte der Klärmasse eine Vertiefung machen, bis der Fond hervortritt. Diese Klärung muß sehr langsam geschehen. 30 Minuten auf dem Feuer lassen. Ein Spitzsieb mit einer feuchten Etamine auskleiden und die Bouillon sorgfältig abseihen. Abschmecken und warm stellen.

Zubereitung der Toasts

In einer Kasserolle die Butter zerlassen und die Schalotte dünsten. Mit Essig ablöschen.
Die Toasts von beiden Seiten mit Butter bestreichen und ünter den Grill legen.
Auf jeden Toast eine gesalzene und gepfefferte Leber legen und die Schalotte verteilen. Einige Augenblicke unter den Grill legen, damit sich die Lebern erwärmen.

Präsentation

Auf vier tiefen Tellern das Consommé und die garnierten Toasts servieren. Mit einigen Kerbelzweiglein bestreuen. Die Filets kann man für die Zubereitung eines Hauptgerichts verwenden.

Audes Saül,
Das Fest der Krabbe.

CRÈME DE CRABES
AUX PISTACHES

Krebscreme mit Pistazien

Für 4 Personen

4 frische Taschenkrebse - 2 l Fischfumet (oder 2 dl Weißwein, mit 1,5 l Wasser verlängert) - 2 geviertelte Tomaten - 1 Lauchstange, in feine Scheiben geschnitten - 1 gehackte Zwiebel - 2 in Scheiben geschnittene Karotten - 50 g geschälte und gehackte Pistazien - 1,5 dl Sahne - 100 g Butter - 1 Lorbeerblatt - Salz, Pfeffer

Zubereitung des Consommés

Die Krebsscheren herausdrehen und beiseite stellen.
Die Panzer zerstoßen und alle Flüssigkeit aufbewahren.
In einem kleinen schweren Topf Gemüse und Lorbeerblatt andünsten. Die Krebspanzer hineingeben, mit 2 l Fumet aufgießen und etwa vierzig Minuten leise köcheln lassen. Die Scheren vier bis fünf Minuten in dieser Bouillon pochieren. Die Bouillon sorgfältig durch eine Etamine abseihen. Das Gemüse ganz leicht ausdrücken, um die Farbe und die Aromen zu extrahieren.

Herstellung der Creme

Die Scheren öffnen, aber nicht zerbrechen. Beiseite stellen.
Das Consommé aufwallen lassen, 1,3 dl Sahne hinzufügen, einige Augenblicke einkochen lassen und nach Geschmack salzen und pfeffern. Die Scheren wieder in das Consommé geben.
Die restliche Sahne sehr steif schlagen.

Präsentation

Die Krebscreme in Teller schöpfen. Die Scheren in die Mitte der Teller legen und mit einem Kranz Schlagsahne umziehen; mit gehackten Pistazien bestreuen.

Luis Meléndez,
Stilleben mit Melonen und Birnen.

MELONS CONFITS AU SEL

In Salz eingelegte Melonen

Für 4 Personen

4 reife Melonen von ca. 200 g - 5 dünne Scheiben Parmaschinken - 100 grobes Salz - 50 g Zucker - 20 Stengel blanchierter Schnittlauch

Zubereitung der Melonen

Die Melonen auf etwa zwei Drittel der Höhe abschneiden. Die Deckel aufbewahren. Die Kerne entfernen und die Melone mit Hilfe eines Kugelausstechers aushöhlen. Das Innere der Gehäuse glattschaben, ohne die Gehäuse zu verletzen. Die Melonenfleischkugeln dreißig Minuten in dem miteinander vermischten Salz und Zucker ziehen lassen. Die Kugeln an einem kühlen Ort aufbewahren.

In der Zwischenzeit 20 Schinkenkreise von 6 cm Durchmesser ausschneiden. Beiseite stellen.

Die Melonenkugeln abtropfen lassen, abspülen und vorsichtig trockenreiben, ohne sie zu zerdrücken.

Jede Kugel in eine Schinkenscheibe einschlagen und mit den Schnittlauchstengeln zu kleinen Geldtäschchen verschnüren.

Präsentation

Die Melonengehäuse mit den eingelegten Melonenkugeln füllen, die Geldtäschchen daraufgeben und den Deckel halb geschlossen darauflegen.

Das Salz war früher hoch besteuert und hatte daher eine ganz andere Bedeutung als der Zucker. Die Melone aß man daher salzig als Vorspeise, nicht süß.

25

TERRINE DE CHAMPIGNONS SAUVAGES, ACCOMPAGNÉE DE POIRES AU LARD

Waldpilzeterrine mit Birnen und Speck

Für 4 Personen

250 g frische Steinpilze - 250 g frische Eierschwämme - 250 g frische Totentrompeten - 60 g sehr fein gehackte Schalotten - 20 g feingehackter blanchierter Knoblauch - 50 g gehackte glatte Petersilie - 30 g gehackter Kerbel - 10 g gehackter Estragon - 2,5 dl Sahne - 4 Blätter Gelatine - 1 dl Öl - Salz, Pfeffer
Garnitur: *150 g Trockenbirnen - 80 g geräucherter Schweinespeck - 30 g gehackte weiße Zwiebeln - 20 g Butter - 1 dl Geflügelfond (siehe Grundtechniken) - einige zu Röllchen geschnittene Schnittlauchstengel - Salz, Pfeffer*

Zubereitung der Pilzterrine

4 Stunden vor dem Essen: Die Pilze von den Stielen befreien und sorgfältig waschen. Die Eierschwämme in einer Pfanne dünsten, salzen, pfeffern und 20 g Schalotte hinzufügen und die Säfte der Pilze austreten lassen. Abtropfen lassen und die Kochflüssigkeit aufbewahren. Die Steinpilze feinhacken und in derselben Weise verarbeiten.
Zuletzt die Totentrompeten verarbeiten, jedoch die Flüssigkeit wegschütten. Die Gelatineblätter in kaltem Wasser einweichen. Alle Pilze einige Augenblicke zusammen in einen Topf geben, bis alle Flüssigkeit ausgetreten ist. Beiseite stellen.
Die Säfte der Eierschwämme und der Steinpilze auf ein Drittel reduzieren. Die Sahne hinzufügen und nochmals auf ein Drittel reduzieren.
Die abgetrocknete Gelatine, die Pilze, die feingehackten Kräuter und den Knoblauch dazurühren.
Die Pilze in eine rechteckige Terrine geben. An einem kühlen Ort drei Stunden ziehen lassen. Mit einem Brettchen und einem Gewicht beschweren, damit die Terrine gut gepresst wird.

Zubereitung der Garnitur

Die Trockenbirnen zwanzig Minuten in lauwarmem Wasser einweichen. Den geräucherten Schweinespeck in feine Würfel schneiden. Blanchieren, kalt überbrausen und abtropfen lassen. In einer Kasserolle auf schwacher Hitze die Zwiebeln in Butter schwitzen lassen, ohne sie zu bräunen, die eingeweichten Birnen hinzufügen, die Speckscheiben darauf verteilen, salzen und pfeffern. Den Geflügelfond hinzufügen und das Ganze zehn Minuten leise köcheln lassen. Die Birnen an einem warmen Ort aufbewahren.

Präsentation

Die Terrine auf ein Brett stürzen. Mit einem Elektromesser vier Stücke abschneiden und diese auf vier Teller geben. Mit den warmen Speckbirnen belegen und mit den Schnittlauchröllchen bestreuen.

CRÈME DE MANGUES AUX PÉTALES
DE FLEURS ET CITRONS CONFITS

Mangosuppe mit Kapuzinerkresseblüten
und kandierten Zitronen

Für 4 Personen

3 süße Mangos - 20 g Butter - 30 g gehackte weiße Zwiebel - Korianderzweiglein - 1 dl Sahne - Salz, Pfeffer
Kandierte Zitronen: *2 Zitronen - 1 dl Wasser - 100 g Zucker*
Blüten: *12 Kapuzinerkresseblüten - 4 Eiweiß - 50 g Kristallzucker*

Zubereitung der Mangosuppe

Die Mangos schälen, halbieren und den Kern entfernen.
In feine Scheiben schneiden.
In einer Kasserolle die Zwiebeln fünf Minuten in der Butter andünsten, aber keine Farbe annehmen lassen. Die feingeschnittenen Mangos hinzufügen und mit 2 dl Wasser aufgießen. Nach Geschmack salzen und pfeffern. Auf schwacher Hitze zehn Minuten garen. Die Mischung im Mixer pürieren. An einem kühlen Ort aufbewahren.
Die Sahne ohne Zucker sehr steif schlagen. An einem kühlen Ort aufbewahren.

Zubereitung der Zitronen

Die Zitronen in 3 mm dicke Scheiben schneiden. Zweimal blanchieren und abkühlen. Abtropfen lassen und in Zuckerwasser aufkochen. Vom Feuer nehmen und in einem Gefäß mit Eiswasser rasch abkühlen. Nach dem vollständigen Erkalten erneut aufkochen. Vom Feuer nehmen und abkühlen. Dann die Zitronenscheiben auf einem Gitter abtropfen lassen und bei Zimmertemperatur trocknen lassen.

Zubereitung der Kapuzinerkresseblüten

Die Eiweiße mit 5 cl Wasser sehr leicht zu schaumiger Konsistenz schlagen. Die Blüten durch die Masse ziehen, abtropfen lassen und in ein Gefäß mit dem Kristallzucker legen. Die Blüten vorsichtig mit dem Zucker überziehen und sofort auf Küchenpapier legen. An einem warmen Ort trocknen lassen.

Präsentation

Die Schlagsahne vorsichtig in die Mangosuppe einarbeiten, gegebenenfalls nachwürzen und diese Creme auf vier tiefe Teller verteilen. Die Zitronenscheiben und die Kapuzinerkresseblüten daraufgeben. Mit einigen frischen Korianderzweiglein bestreuen.

Diego Rivera,
Sonntagnachmittagstraum im Park von Alameda (Ausschnitt).

CROUSTILLANTS DE CRUSTACÉS
AUX MANGUES ET AU BEURRE DE MOUTARDE

Im Teig ausgebackene Krustentiere
mit Mango und Senfbutter

Für 4 Personen

1 Seespinne von etwa 1,2 kg - 8 große Taschenkrebsscheren - 1 gut reife Mango - 24 Blätter Feldsalat oder Portulak - 2 cl Olivenöl.

Crostini (Kümmelgaletten): 75 g gesiebtes Mehl - 7 g zerlassene Butter - 20 g Feinkristallzucker - 1 dl Weißweinessig - 1 Kaffeelöffel Kreuzkümmel.

Mayonnaise: *1 Eigelb - 10 g Senf - 1 dl Erdnußöl - Salz, Pfeffer*

Tomate à la Française: *1 schöne rote Tomate - 1 kleine weiße Zwiebel - 1 Knoblauchzehe - Saft von 1/2 Zitrone - 2 cl Olivenöl - 0,5 cl Sherryessig - 2 gehackte Basilikumblätter - 1 Messerspitze Cayennepfeffer - Salz, Pfeffer*

Senfbutter: *100 g geknetete Butter - 10 g körniger Dijonsenf - 5 g scharfer Senf - 10 g feingehackte Schalotten - 1 cl trockener Weißwein - 5 g Estragon, feingehackt - 5 g glatte Petersilie, feingehackt - Salz, Pfeffer*

Court-Bouillon: *1 Karotte - 2 Zwiebeln - 2 Gewürznelken - 1 Bouquet garni plus Lauchgrün - 1 cl Weißweinessig - grobes Salz - 5 zerstoßene Pfefferkörner.*

Zubereitung der Crostini

Backofen auf 180 C vorheizen. Mehl und Zucker miteinander vermischen. Butter, Essig und Kreuzkümmel dazuschlagen. Auf einer glatten Platte mit Hilfe eines Schöpflöffels Scheiben von 6 cm Durchmesser ausstechen. Pro Person vier Crostini rechnen. In die Mitte des Backofens schieben. Wenn die Crostini eine schöne goldene Farbe haben, das Blech aus dem Backofen nehmen, das Gebäck mit einer Spachtel rasch abheben und auf eine ebene Fläche legen. Mit einem kalten Blech leicht beschweren. Diese sehr zerbrechlichen Crostini an einem mäßig warmen Ort aufbewahren.

Zubereitung der Seespinne und der großen Krebsscheren

Mit 2 l Wasser, der Karotte und der grobwürfelig geschnittenen Zwiebel eine Court-bouillon herstellen. Aufkochen lassen und den Essig, die mit Nelken besteckte Zwiebel, das Bouquet garni und die Gewürze hinzufügen. Großzügig salzen. Etwa fünfzehn Minuten auf sehr schwacher Hitze garen. Die Seespinne und die großen Krebsscheren etwa fünfzehn Minuten mitkochen. Herausnehmen und abkühlen lassen. Vorsichtig die Schalen entfernen. Für die Verzierung die kleinen Scheren aufbewahren.

Zubereitung der Mayonnaise

Eigelb und Senf miteinander vermischen. Salzen, pfeffern, vorsichtig mit einem Schneebesen mit dem Öl zu fester Konsistenz schlagen.

Zubereitung der Senfbutter

Die Schalotte im Weißwein aufkochen. Abkühlen lassen. Die beiden Senfsorten mit der gekneteten Butter, der Petersilie, dem Estragon, dem Salz und dem Pfeffer vermischen. Diese Butter mit zwei Kaffeelöffeln zu kleinen Klößchen formen (5 Stück pro Person).

Zubereitung der Tomate à la française

Die Tomate überbrühen und enthäuten, entkernen und vierteln. Zwiebel und Knoblauch schälen. Alles zu einer glatten Tomatensauce pürieren.
Basilikum, Cayennepfeffer, Zitronensaft, Sherryessig und Olivenöl hinzufügen. Salzen und pfeffern.

Fertigstellung der Crostini

Die Tomate à la française zur Mayonnaise geben. Die Seespinnen- und Krebsstückchen dazugeben und sorgfältig miteinander vermischen. Abschmecken.

Zubereitung der Dekoration

Die Feldsalat- bzw. Portulakblätter putzen und sorgfältig waschen. Abtrocknen und leicht mit Olivenöl überglänzen. Die Mango schälen, in zwei gleiche Hälften schneiden, den Kern herausnehmen und die Frucht in feine Scheiben schneiden.

Präsentation

Große Teller abwechselnd mit Butterklößchen und Feldsalatblättern auslegen. In die Mitte ein Crostini geben und mit der Masse bedecken. Diesen Vorgang zweimal wiederholen. Mit einem unbedeckten Crostini abschließen. Mit den Mangoscheiben und den beiden Scherenstücken einen Kranz um das Crostini bilden.

NAGE DE MAQUEREAUX À LA ROYALE DE TOMATE

Makrelen-Court-bouillon mit Tomate à la royale

Für 4 Personen

*4 frische Brötchen von 8 cm Durchmesser - Kerbel-
und Koriandersträußchen - gehackter Schnittlauch -
2 Knoblauchzehen*

Dickmilch à la tomate: *1 dl Tomate à la française
(siehe Seite 30) - 1 l Vollmilch - 2 Eßlöffel Lab -
1 schöne Tomate, überbrüht und enthäutet, entkernt und feinwürfelig geschnitten - 10 g feingehackter Schnittlauch - 10 g feingehacktes Basilikum - 20 g Knoblauchzehe, feingehackt und blanchiert - 2 Gelatineblätter - Salz, Pfeffer*

Makrelen-Court-bouillon: *1/4 l Makrelen-Court-
bouillon - 1/4 l Muschelsud (siehe Seite 44) - 4 kleine Makrelen (vom Fischhändler filetieren lassen;
die Gräten aufbewahren) - 2 in 3 mm dicke Scheiben geschnittene Karotten - 2 feingehackte Schalotten - 1 zerdrückte Knoblauchzehe - das Weiße einer
Knoblauchstange, in feine Scheiben geschnitten -
2 dl trockener Weißwein - 1 dl süßer Wein (Barsac) - 20 g Butter - 20 g feingehackte Schalotte - 1 dl
Sahne - 1 Bouquet garni - 20 g scharfer Senf - 20 g
körniger Senf - 2 Zitronenschalen - 2 g Ingwer -
Salz, Pfeffer*

Zubereitung der Dickmilch à la tomate

Am Vortag: In einem Gefäß die leicht erwärmte Milch mit
dem Lab vermischen und vierundzwanzig Stunden mit
einem Tuch bedeckt an einem kühlen Ort stehen lassen.
Am nächsten Tag: Den Käse in einem mit einem Tuch aus-
geschlagenen Käsekorb abtropfen lassen. Zudecken und
vor der Verwendung zehn bis zwölf Stunden abtropfen
lassen.
Die Gelatine in kaltem Wasser einweichen. 2 Eßlöffel
Tomate à la française und einige Tomatenwürfelchen zum
Käse geben. Nach Geschmack salzen und pfeffern. Knoblauchzehe, Basilikum, Schnittlauch und Gelatine hinzufügen. In kleine, mit Folie ausgelegte Förmchen drücken.
Kühl stellen.

Zubereitung der Makrelen-Court-bouillon

Die Weine aufkochen. Die sorgfältig gesäuberten und zerkleinerten Makrelengräten dazugeben. Auf ein Drittel einkochen. Das feingehackte Gemüse, die Zitronenschalen,
das Bouquet garni und den Ingwer dazugeben. Mit dem
Muschelsud und 1/2 l Wasser aufgießen.
Erneut aufkochen, sorgfältig abschäumen und auf schwacher Hitze zwanzig Minuten köcheln lassen. Sorgfältig
durch ein mit einem feinen Tuch ausgekleidetes Spitzsieb
geben. Abkühlen und kühl stellen.

Zubereitung der Makrelen

Backofen auf 180° C vorheizen.
Die Makrelenfilets mit Salz und Pfeffer würzen. Mit scharfem Senf bestreichen. Eine feuerfeste Form ausbuttern, die
Schalotte dazugeben, die Makrelenfilets darauflegen und
bis zur halben Höhe mit der vorbereiteten Bouillon aufgießen. Im heißen Backofen
sechs Minuten unter häufigem Begießen garen.
Die Filets aus dem Backofen
nehmen und vorsichtig auf
einen Teller geben. Abkühlen. Die Garflüssigkeit mit
der Sahne verlängern und zu
einer dicken Sauce einko-
chen. Mit ein wenig Pfeffer
aus der Mühle bestreuen. Abkühlen lassen und den körni-
gen Senf hinzufügen. An
einem kühlen Ort aufbewahren.

Zubereitung der Toasts

Die Brötchen halbieren und
mit Knoblauch einreiben.
Unter den Grill legen.
Einen Löffel Tomate à la
française und ein Makrelen-
filet darauflegen. Mit der
Senfsauce überziehen und
mit Schnittlauch bestreuen.

Präsentation

Die Dickmilch aus den Formen in die Mitte tiefer Teller
geben. Die auf Zimmertem-
peratur gebrachte Makrelen-
Court-bouillon darauf verteilen und mit Kerbel- und Korianderzweiglein bestreuen.
Dazu auf einer Servierplatte
8 Makrelentoasts à la moutarde reichen.

*Blanchierter Knoblauch ist
weniger aggressiv und be-
kömmlicher.*

Vincent van Gogh,
Stilleben mit Makrelen.

FILET DE MAQUEREAUX AU SEL ET SES FEUILLETÉS DE TOURTEAUX, SAUCE FRANÇAISE

Makrelenfilets in Salz mit Taschenkrebs im Blätterteig, Sauce française

Für 4 Personen

8 Makrelen (vom Fischhändler filetieren lassen) - 100 g Blätterteig - 2 Taschenkrebse - 1 Zitrone - 2 cl Olivenöl - 2 schöne rote Tomaten, geschält und in feine Scheiben geschnitten - Kerbelzweiglein - in Röllchen geschnittener Schnittlauch - abgezupfter Fenchel - Salz, Pfeffer

Marinade: *150 g grobes Salz - 150 g Zucker - 10 g Pfefferkörner - 10 g Korianderkörner - 1 kleines Fenchelsträußlein*

Tomate à la française: *(siehe Seite 30)*

Mayonnaise *(siehe Seite 30)*

Zubereitung der Makrelenfilets

6 Stunden vor der Verwendung

Die Zutaten der Marinade miteinander vermischen.

Die Hälfte dieser Mischung in ein flaches Geschirr geben, mit einem Mulltuch von der doppelten Größe der Form bedecken, die Makrelenfilets flach darauf ausbreiten und das Mulltuch sorgfältig schließen. Mit der restlichen Mischung bedecken. Mit Folie dicht abschließen und sechs Stunden kühl ruhen lassen.

Die Makrelen unter klarem Wasser zwei bis drei Minuten abspülen, trockenreiben und die kleinen Gräten in der Mitte der Filets entfernen.

Zubereitung und Würzen der Krebse

(siehe Seite 30)

Zubereitung der Toasts

Backofen auf 180 bis 200° C vorheizen.

Aus steifer Pappe vier 15 × 7 cm große Rechtecke ausschneiden. In mit Olivenöl bepinselte Folie einschlagen. Die Makrelenfilets in feine längliche Streifen schneiden und leicht überlappend auf die Form legen. Glattstreichen. Mit Folie bedecken und kühl stellen.

Die Tomate à la française zubereiten (siehe Seite 30).

Den Blätterteig dünn zu einer rechteckigen Form ausrollen, mit einer Gabel einstechen und zwischen zwei Blechen, damit er nicht steigen kann, in zwölf bis fünfzehn Minuten im Backofen goldgelb backen.

Abkühlen lassen und anschließend mit einem Teigausstecher mit glattem Rand 8 Toasts von 4 cm Durchmesser ausstechen. Die Krebsmischung, Mayonnaise und Tomate à la française aufeinanderschichten. Für die Garnitur eine gewisse Menge Tomaten aufbewahren. Mit einem Kerbelzweiglein dekorieren.

Olivenöl, Zitronensaft, Salz und Pfeffer separat miteinander vermischen.

Präsentation

In der Mitte von vier großen Glastellern die Tomaten überlappend auf einer rechteckigen Fläche in der Größe der Makrelenfilets auslegen. Salzen, pfeffern und mit der Tomate à la française überziehen.

Makrelen auf die Tomaten geben. Mit einem Pinsel mit dem vorbereiteten Öl überglänzen. Mit einem Eßlöffel Tomate à la française überziehen. Mit Kerbel- und Aniszweiglein und Schnittlauch bestreuen.

Dazu acht kleine Krebstoasts reichen.

LUNE DE CRABES AUX PÊCHES

Krebsschiffchen mit Pfirsich

Für 4 Personen

8 Krebsscheren - 2 vollreife Pfirsiche - 4 große rote Tomaten - gehackter Schnittlauch - 50 g Feldsalat - angesäuertes Olivenöl - Mayonnaise - 1 dl Olivenöl - Saft von 1/2 grünen Zitrone - 1 Eigelb - 2 Eßlöffel Ketchup - 1 Eßlöffel Fine Champagne, flambiert - Salz, Pfeffer

Zubereitung

Die Tomaten und die Pfirsiche sehr sorgfältig häuten. Die Tomaten je nach Größe in sechs oder acht Schnitze schneiden und entkernen. Die Pfirsiche *en julienne* schneiden. Währenddessen die Krebsscheren in schwach gesalzenem Wasser vier bis fünf Minuten garen. Schälen und das Fleisch mit Hilfe einer Gabel auf dem Knorpel schaben, so daß man feine Streifen erhält. Beiseite stellen. Mit dem Eigelb, dem Olivenöl, dem Saft der Zitrone, dem Ketchup, dem Fine Champagne, Salz und Pfeffer die Mayonnaise aufschlagen. Mayonnaise, Schnittlauch und Krebsfleisch miteinander vermischen und mit dieser Masse die Tomatenschnitze füllen.

Präsentation

Die in dieser Weise gefüllten Tomatenschiffchen kunstvoll um die Pfirsiche und den leicht mit Olivenöl gewürzten Feldsalat anordnen.

Man kann für dieses Rezept auch kleine geschälte Krabben, Miesmuscheln und Uferschnecken verwenden.

MILLEFEUILLE DE JAMBON

Schinkenschnitten

Für 4 Personen

4 Scheiben heller Schinken (zum Beispiel Westfälischer oder York-Schinken) - 100 g Foie gras, gekocht - 50 g Butter - 0,5 dl Sahne - 100 g junge Weinblätter - 50 g Feldsalat - 1 dl Nußölvinaigrette - Portweinaspik - Salz, Pfeffer
Marinade: *Weißwein - 2 cl Öl - Saft von 1/2 Zitrone - Salz*

Zubereitung der Schinkenschnitte

Foie gras mit Butter und Sahne im Mixer pürieren. Salzen und pfeffern. Zehn Minuten kühl stellen. Die Schinkenscheiben der Länge nach halbieren, so daß man acht gleichmäßige Rechtecke erhält. Auf jede Schnitte etwas von der verarbeiteten Foie gras geben. Zehn Minuten kühl stellen. Die bestrichenen Schnitten aufeinander stapeln. Mit einem großen Messer die vier Seiten beschneiden und nochmals kühl stellen. Die letzte Schnitte mit Portweinaspik bestreichen (siehe Grundtechniken).

Zubereitung der Weinblätter

Die Hauptnerven wie bei Blattspinat entfernen. Wenn die Blätter weich sind, können sie direkt zum Feldsalat gegeben werden. Andernfalls eine Viertelstunde in Weißwein, Öl, Zitronensaft und Salz marinieren.

Präsentation

Die Schnitte mit einer Klinge, die man in kochendes Wasser getaucht hat, schneiden und auf jeden Teller eine Schnitte mit dem gemischten Salat geben.

Wenn man eine große Zahl von Gästen hat, kann man die vorab geschnittenen Schnitten mit einem Pinsel mit Portweinaspik bestreichen, damit sie sich nicht verfärben.
Man kann auch den Aspik auf den Teller geben, die Schnitte darauflegen, sobald er fest geworden ist, und den Salat getrennt reichen.

Jan Davidsz de Heem,
Stilleben mit Blick aufs Meer.

TOMATES À LA COQUETTE

Tomaten im Teig

Für 4 Personen

*4 Tomaten - 120 g Foie gras, gekocht - 200 g Blätter-
teig - 5 g Thymian - 1 dl Fleischjus - 2 Knoblauchzehen - 5 g Petersilie - 5 g Estragon - 1 gehackte
Schalotte - 1 Eigelb - Salz, Pfeffer*

Vorbereitung der Tomaten

Backofen auf 120° C vorheizen.
Die Tomaten überbrühen und schälen, rasch kalt überbrausen und trockenreiben. In eine feuerfeste Form geben und
Fleischjus, Knoblauch, Schalotte, Kräuter, Salz und Pfeffer hinzufügen. Bei starker Hitze zum Kochen bringen und
15 bis 20 Minuten im Backofen garen. Fleißig begießen.
Abkühlen lassen. Die Tomaten vorsichtig von unten aushöhlen und mit einer Kugel von 30 g Foie gras füllen. Die
gefüllten Tomaten von Hand formen. Kühl stellen.

Fertigstellung

Backofen auf 180° C vorheizen.
Den Teig dünn ausrollen. Sechs Quadrate von 10 × 10 cm
Größe ausschneiden; davon zwei beiseite stellen.
Die Tomaten auf vier Quadrate legen. Das Innere des Tei-
ges mit Wasser befeuchten, den Teig um die Tomate hoch-
schlagen und mit geschlagenem Eigelb bestreichen.
Von den beiden restlichen Quadraten vier Kreise von 5 cm
Durchmesser ausstechen. Oben auf die eingehüllte Tomate
legen, zu einem Hut formen, nochmals mit Eigelb bestrei-
chen. Zwölf Minuten bei 180° C und fünf Minuten bei 140°
C in den Backofen stellen.
Die Tomaten als selbständiges Gericht servieren; falls ge-
wünscht, die heiße Garflüssigkeit dazu reichen.

Pierre Auguste Renoir,
Südfrüchte.

TERRINE D'AUBERGINES AU FOIE GRAS ET LANGUES D'AGNEAUX

Auberginenterrine mit Foie gras und Lammzungen

Für 4 Personen

8 Lammzungen, geputzt und gewässert (vom Metzger erledigen lassen) - 10 Auberginen - 6,5 g Salz - 1,5 g Pfeffer - 2 dl Olivenöl - 1 Stopfleber von 550 g, geputzt und von den Sehnen befreit - 2 kg Gänseschmalz - 5 Gelatineblätter, in kaltem Wasser erweicht - 1 Zitrone - 1/2 Sträußlein Kresse
Bouillon: 2 mittlere Karotten - 2 mittlere Zwiebeln, davon eine mit zwei Nelken besteckt - 1 großes Bouquet garni (mit Lauchgrün) - 2 Knoblauchzehen - 1/2 Kalbsfuß - 8 Pfefferkörner - grobes Salz

Zubereitung und Würzen der Foie gras au naturel

Am Vortag
Die beiden Stopfleberlappen auf ein Tuch legen und salzen und pfeffern.
Die beiden Lappen in Alufolie zu einer Rolle von 5 cm Durchmesser zusammendrehen und die Enden des Wickels sorgfältig verschließen.
Das Gänseschmalz auf 92° C erhitzen und in ein Behältnis mit der Leber gießen, bis diese vollständig bedeckt ist.
Bei Zimmertemperatur abkühlen lassen, bis das Schmalz zu erstarren beginnt. Die Foie gras zwölf Stunden vor der Verwendung in den Kühlschrank stellen.

Zubereitung der Lammzungen und des Kalbsfußes

Die Zungen in kaltes gesäuertes Wasser legen und zum Kochen bringen. Abschrecken und säubern.
Die Karotten, die gehackte Zwiebel, die besteckte Zwiebel, Knoblauch, Bouquet garni, Salz und Pfeffer in 2 l Wasser geben. Den halben Kalbsfuß und die Zungen hinzufügen. 2 1/2 Stunden leise köcheln lassen. Sofort anschließend die Haut von den Zungen abziehen. In der filtrierten Brühe aufbewahren.

Zubereitung der Auberginen

Backofen auf 160 bis 180° C vorheizen.
Die Auberginen waschen, der Länge nach halbieren und auf ein Backblech legen. Auf der ganzen Oberfläche mit einem spitzen Messer einschneiden, salzen, pfeffern und mit Olivenöl bestreichen. Etwa dreißig Minuten im Backofen garen. Aus dem Backofen nehmen und das Auberginenfleisch mit einem Löffel herausnehmen. Die sorgfältig gesäuberten Schalen aufbewahren. Das Auberginenfleisch mit einer Gabel zerdrücken und abschmecken.
Einen halben Liter der noch warmen Brühe abnehmen, die Gelatine dazugeben, vermischen, abschmecken. Beiseite stellen.

Herstellung der Terrine

Eine rechteckige, 25 × 8 cm große Terrine mit Folie auslegen. Die Wände überlappend mit den Auberginenschalen auslegen, so daß diese an jeder Seite 3 bis 4 cm überstehen. So erhält man einen richtigen Schutzpanzer.
Auf dem Boden der Terrine Foie gras-Scheiben von 1,5 cm Dicke verteilen. Einen Schöpflöffel Aspik darübergeben. Die Auberginenmasse mit zwei Schöpflöffeln dieses Aspiks vermischen und die Foie gras 3 cm hoch bedecken.
Die Zungen der Länge nach halbieren. Nach der Art der „Fünf auf dem Würfel" leicht in die Masse drücken.
Mit einer weiteren Lage Auberginen bedecken, dann einen Schöpflöffel Brühe darübergeben. Eine letzte Schicht Foie gras daraufgeben, zuletzt den Aspik. Die Auberginenschalen nach innen schlagen, mit einem Brettchen und einem Gewicht von 500 g beschweren. Zwölf Stunden kühl stellen.

Präsentation

Die Terrine auf ein Brett stürzen. Mit Hilfe eines Elektromessers in vier dicke Scheiben schneiden, auf Teller geben und mit dem Zungenaspik überziehen. Mit einigen Kressezweiglein umlegen.

AILERONS DE VOLAILLE FARCIS, À LA SAUCE CITRON

Gefüllte Hühnerflügel an einer Zitronensauce

Für 4 Personen

4 schöne Geflügelflügel (Huhn) - 20 g feingehackte Schalotte - 20 g Butter - 150 g Champignons, in gesäuertem Wasser gewaschen und in Würfel von 1 cm Kantenlänge geschnitten - 100 g rohes helles Geflügelfleisch - 1 cl roter Portwein - 2 Blätter gehacktes Basilikum - 5 Blätter gehackter Estragon - Thymianblüten - 1/2 Kaffeelöffel scharfer Senf - 5 cl Bratenjus - 3/4 l Geflügelfond (siehe Grundtechniken) - 30 g geklärte Butter - 1 Sträußlein Kresse, abgezupft und gewaschen - Salz, Pfeffer
Zitronensauce: *Saft von 2 Zitronen - abgeriebene Zitronenschale (blanchiert) - 1 dl flüssige Sahne - 20 g frische Butter*
Glacierte Zitronenschalen: *(siehe Seite 43)*

Zubereitung der Flügel

Den fleischigsten Teil eines jeden Flügels entbeinen, ohne ihn zu öffnen; die beiden Knochen im Inneren wie aus einem Handschuh herausziehen.
Das Geflügelfleisch *en brunoise* schneiden.
In einer Schwenkkasserolle die Schalotte in der Butter andünsten, aber keine Farbe annehmen lassen. Die Champignons und das Geflügel dazugeben. Würzen und fünf Minuten unter gelegentlichem Rühren auf kleinem Feuer

garen. Mit dem roten Portwein ablöschen und einige Augenblicke einkochen lassen. 2cl Bratenjus hinzufügen und erneut einkochen. Basilikum, Thymianblüten, Estragon und Senf dazugeben. Abkühlen lassen. Die Flügel füllen. Getrennt in Folie einschlagen und die beiden Enden gut verschließen. Die gefüllten Flügel fünfzehn Minuten in dem leise köchelnden Geflügelfond pochieren. 1 dl dieses Fonds beiseite stellen.
Nach dem Garen aus der Folie herausnehmen, abtropfen lassen, trockenreiben und in einer Schwenkkasserolle in der geklärten Butter anbräunen.

Zubereitung der Zitronensauce

In einer Kasserolle den Geflügelfond auf ein Drittel reduzieren, 3 cl Bratenjus, die Zitronenschale und den Zitronensaft hinzufügen, mit der Sahne aufgießen, zu cremiger Konsistenz einkochen, die Butter dazurühren, salzen und pfeffern.

Präsentation

Die gefüllten Flügel auf warmen Tellern anrichten. Mit einem kleinen Sträußchen Kresseblätter und den glacierten Zitronenschalen garnieren und mit einem Eßlöffel fettem Jus begießen. Die Zitronensauce in einer Sauciere servieren.

Georges Braque, *Die Zitronen*.

COQUILLES SAINT-JACQUES AUX CITRONS CONFITS

Jakobsmuscheln mit glacierten Zitronen

Für 4 Personen

8 Jakobsmuscheln
Glacierte Zitronen: *4 Zitronen - Saft von 6 Zitronen - 30 g grobes Salz - 30 g Zucker*
Glacierte geriebene Zitronenschale: *1 Zitrone - 100 g Zucker*
Zitronenbutter: *30 g Butter - 20 g feingehackte Schalotte - 100 g geknetete Butter - Saft von einer Zitrone - 10 g Kerbel, gehackt - Salz, Pfeffer*
Fertigstellung: *20 g geklärte Butter - 1 Prise Zucker*

Zubereitung der glacierten Zitronen

Zwei Wochen vor der Ausführung des Rezepts:
Die vier Zitronen waschen. Abreiben, blanchieren, abschrecken und vierteln, ohne das Ende ganz durchzuschneiden, da die vier Stücke zusammenhängend bleiben müssen. Das grobe Salz und den Zucker miteinander vermischen und die Mischung in das Innere der Zitronen geben. Die vier Zitronenstücke fest aneinandergepreßt in ein passendes Einmachglas legen. Mit dem Zitronensaft bedecken und fünfzehn Tage an einem kühlen Ort ziehen lassen.

Zubereitung der eingelegten Zitronenschalen

Am selben Tag: Die Zitrone mit Hilfe eines Sparschälers schälen. In sehr feine Streifen schneiden. Die Streifen dreimal blanchieren und jeweils anschließend abschrecken. Mit dem Zucker und 1 dl Wasser kochen. Nach dem Aufkochen vom Feuer nehmen und abkühlen lassen. Vorgang viermal wiederholen.

Zubereitung der Zitronenbutter

Die Butter zerlassen und die Schalotte drei bis vier Minuten dünsten, aber keine Farbe annehmen lassen. Die cremige Butter mit dem Zitronensaft, einem Kaffeelöffel von der Kochflüssigkeit der Zitronenschalen, der Schalotte und dem gehackten Kerbel verkneten und salzen und pfeffern.

Zubereitung der Jakobsmuscheln

Backofen auf 180° C vorheizen.
Die Jakobsmuscheln waschen. Eine Messerklinge zwischen die beiden Muschelhälften (an der runden Seite) einführen und die Muschel vorsichtig öffnen, um den Muskel nicht zu zerreißen. Den Muschelbart und das Corail entfernen; das Fleisch nicht herauslösen. Sorgfältig waschen, um den Sand zu entfernen. Abtropfen lassen und jede Muschel mit einem Kaffeelöffel Zitronenbutter bestreichen, salzen, pfeffern und mit einer Wäscheklammer aus Holz verschließen. Fünf Minuten im Backofen garen.

Fertigstellung und Präsentation

Die Zitronenviertel voneinander trennen, abtropfen lassen und abtrocknen. In der geklärten Butter schwingen und mit ein wenig Zucker überpudern, um ihnen eine schöne Bernsteinfarbe zu geben. Die Muscheln herausnehmen und zwei davon auf jeden Teller geben. Die gedünsteten Zitronen davor anrichten.

MOULES FARCIES AUX ÉPINARDS

Gefüllte Miesmuscheln mit Spinat

Für 4 Personen

48 große Pfahlmuscheln - 30 g feingehackte Schalotte - 1 zerdrückte Knoblauchzehe - 1 dl trockener Weißwein - 1 dl Fischfumet - 1 Bund Petersilienstengel - 2,5 dl flüssige Sahne - 2 Eigelb - 200 g gewaschene und geputzte Spinatblätter - 50 g Butter - Saft von 1/2 Zitrone - Salz, Pfeffer
Fischfumet: 10 g Butter - 15 g feingehackte Schalotte - 15 g feingehackte Zwiebeln - 200 g Seezungengräten, vom Fischhändler gehackt und gewaschen - 1 dl trockener Weißwein - 1 dl Noilly Prat - 3 Pfefferkörner - 1 Bouquet garni

Zubereitung des Fischfumets

Die Butter in einer Kasserolle mit dickem Boden zerlassen. Die Schalotte und die Zwiebel zwei bis drei Minuten dünsten, ohne Farbe annehmen zu lassen. Die Seezungengräten, den Wein und den Noilly hinzufügen. Einkochen und 3 dl Wasser, die ganzen Pfefferkörner und das Bouquet garni hinzufügen. Aufkochen lassen, abschäumen und abgedeckt fünfzehn Minuten köcheln lassen. Durch ein Haarsieb geben, aber nicht ausdrücken. Abkühlen lassen.

Zubereitung der Muscheln

Das Muschelgeflecht entfernen. Drei- bis viermal waschen. In einer Kasserolle mit dickem Boden die Schalotte und den Knoblauch in der Butter andünsten, ohne Farbe annehmen zu lassen. Die Muscheln in die Kasserolle geben, Weißwein, Fischfumet, Petersilienstengel und ein wenig Pfeffer aus der Mühle hinzufügen. Nicht salzen. Aufkochen und zugedeckt fünf Minuten bei starkem Feuer kochen. Gelegentlich schütteln, damit die Muscheln gleichmäßig gar werden. Die Muscheln abtropfen lassen und den Sud filtrieren, ohne den trüben Satz zu verwenden. Den Fumet auf ein Drittel einkochen, die Sahne hinzufügen, nochmals auf ein Drittel einkochen, so daß man eine sämige Sauce erhält, die den Rücken eines Löffels leicht überzieht. Warm stellen. Die Muscheln aus den Schalen nehmen und entbarten. Warm stellen. 48 Muscheln waschen und reinigen. In einer Kasserolle 50 g Butter zerlassen, den Spinat dazugeben, salzen, pfeffern und mit einer Gabel verrühren. Wenn die Flüssigkeit des Spinats ausgetreten ist, abtropfen lassen und warm stellen.

Fertigstellung und Präsentation

Mit einem Saucenlöffel die zwei geschlagenen Eigelb und den Zitronensaft miteinander vermischen. Diese Mischung unter kräftigem Schlagen zur warmen Sauce geben, ohne aufkochen zu lassen. Abschmecken. Warm stellen. Auf den Boden tiefer Teller grobes Salz streuen, um die Muscheln zu stabilisieren. Auf die Teller verteilen. Den Spinat in die Schalen geben. Ein bis zwei Muscheln in jede Schale geben und mit der Sauce überziehen. Zwei bis drei Minuten unter dem elektrischen Grill gratinieren.

MOULES À BAZIRE

Miesmuscheln nach Art der Bazires

Für 4 Personen

4 l Pfahlmuscheln - 3 graue Schalotten - 250 g gute Normandiebutter - 1/2 l Sauvignon blanc - 1 Eßlöffel Essig - 15 g glatte Petersilie, gehackt - Pfeffer

Zubereitung

Das Muschelgeflecht entfernen, die Muscheln abbürsten, sorgfältig mehrmals in frischem Wasser waschen. In einem schweren Topf die Butter zerlassen und die Schalotten andünsten, aber nicht braun werden lassen. Mit Wein und Essig ablöschen und die Muscheln hineingeben. Auf starker Hitze zugedeckt kochen und ab und zu schütteln. Wenn sich die Muscheln öffnen, pfeffern und die Petersilie hinzufügen. In einen tiefen Teller geben, mit der zuvor abgeschmeckten Kochflüssigkeit begießen und zu Tisch bringen.

Dieses Rezept wurde von Gérard und Martine Bazire vom Restaurant Les Vapeurs in Trouville mitgeteilt.

Marcel Broodthaers,
Kasserolle mit geschlossenen Miesmuscheln.

NAGE D'ÉCREVISSES CHAUDES AU SAUTERNES

Krebssud nach der Art von Sauternes

Für 4 Personen

24 lebende Krebse mit roten Scheren
Sudzutaten: *2 Flaschen Sauternes oder Côteau du Layon (oder ein anderer süßer Weißwein) - 1 Karotte - 2 Schalotten - das Weiße einer Lauchstange - 1 Selleriestange - 3 Knoblauchzehen - 2 Champignons - Schalen von 1/2 Orange, 1/2 Zitrone, 1/2 Grapefruit - 2 Ingwerscheiben (10 g) - 1 g Safran - 70 g gerührte Butter - Kerbelzweiglein*
Garnitur für den Sud: *2 Karotten, gewaschen, geschält, geriffelt, schräg geschnitten - 10 runde Zwiebeln, geschält und in Scheiben geschnitten - 1 Lauchstange, geschält, gewaschen und schräg geschnitten - 2 Schalotten, geschält und in elliptische Scheiben geschnitten*
Court-bouillon: *2 cl weißer Essig - 1 Karotte, in feine Scheiben geschnitten - 1 Zwiebel, in feine Scheiben geschnitten - 1 Bouquet garni - grobes Salz, ganze Pfefferkörner*

Zubereitung des Suds

Den Sauternes in eine Kasserolle gießen und auf ein Drittel reduzieren. Die Garnituren und die Aromen hinzufügen, zwanzig Minuten köcheln lassen und durch eine Etamine filtrieren. In einem Einmachglas aufbewahren und den Ingwer darin ziehen lassen. Das Glas dicht verschließen.

Zubereitung der Garnitur für den Sud

Die Gemüse getrennt in 2 l leicht gesalzenem Wasser kochen. Beiseite stellen.

Salvador Dalí,
Les Écrevisses.

Zubereitung der Krebse

Aus 2 l Wasser, dem Essig und den Aromen eine Court-bouillon herstellen; salzen und pfeffern. Zehn Minuten garen.
Die Krebse waschen und den blauen Darm entfernen, der an der zentralen Schwanzschuppe haftet. Die Krebse in die Court-bouillon werfen. Wenn diese wieder zu kochen beginnt, eine bis zwei Minuten warten und die Krebse wieder herausnehmen. Warten, bis diese nur noch lauwarm sind und den Schwanz der Krebse schälen, ohne ihn vom Kopf zu trennen. In ein wenig Sud warm stellen.

Fertigstellung und Präsentation

Den Sud erhitzen. Die Butter dazuschlagen und die Garnitur dazugeben. Abschmecken. Die Krebse erhitzen und auf tiefe Teller geben, mit dem Sud bedecken und mit Kerbelzweiglein bestreuen.

TERRINE D'ÉCREVISSE AUX TRUFFES

Krebsterrine mit Trüffeln

Für 4 Personen

500 g Merlan- oder Hechtfleisch - 600 g flüssige Sahne - 1 Eiweiß - 60 blättrige Trüffelscheiben - 30 Krebse - Salz, Pfeffer

Zubereitung der Mousse

Am Vortag: Das Merlan-Fleisch mit dem Eiweiß vermischen und durch ein Seidensieb passieren (dies geht leichter, wenn man 50 g Sahne hinzufügt). Mindestens eine Stunde kühl stellen. 100 g Sahne mit dem Mixer oder dem Schneebesen mit der Mousse vermischen und nochmals kühl stellen.
Am nächsten Tag: Den Vorgang wiederholen, bis die ganze Sahne verbraucht ist und jeweils eine kleine Prise Salz und Pfeffer dazugeben. In den Kühlschrank stellen.

Zubereitung der Krebse

Am Vormittag
Den Mitteldarm der Krebse entfernen, drei Minuten in kochendem Salzwasser pochieren, schälen und beiseite stellen.

Herstellung der Terrine

Backofen auf 130° C vorheizen. Auf einem Tuch die sechzig Trüffelscheiben ausbreiten und mit ein wenig Mousse überziehen. Auf die Trüffelscheiben eine Krebshälfte legen und die Trüffeln zu Röllchen formen. Die Wände und den Boden einer rechteckigen Terrine der Größe 25 × 8 cm mit der Mousse auskleiden. Zwei Reihen von zehn gefüllten Trüffeln einlegen, mit Mousse überziehen und diesen Vorgang dreimal wiederholen. Mit einer Lage Mousse, die man mit einem Spatel glättet, abschließen.

Fertigstellung

Die zugedeckte Terrine fünfundvierzig Minuten im Wasserbad in den Backofen stellen. Mit einer Nadel Garprobe machen: Bis zum Boden der Terrine einstechen, sechzehn Sekunden darinlassen, über die Oberlippe ziehen: Wenn die Temperatur gleichmäßig ist, ist die Terrine gar. Aus dem Backofen nehmen und zehn Minuten ruhen lassen. Mit einem Elektromesser schneiden und sofort zu Tisch bringen. Man kann dazu eine Krebssauce reichen, die wie die Krebssuppe auf Seite 23 zubereitet wird. Da warm Servieren nicht ohne Risiko ist, kann man die Terrine vollständig erkalten lassen, in Scheiben schneiden und auf einem gebutterten Teller servieren.

ABATTIS DE VOLAILLE
EN BLANQUETTE

Weißes Geflügelragout

Für 4 Personen

4 Geflügelkeulen, zubereitet und gegart (siehe Seite 50) - 20 Geflügelflügel - 7,5 dl Geflügelfond oder -consommé (siehe Grundtechniken) - 1 dl flüssige Sahne - 5 cl Verjus (Saft von unreifen Trauben) - 100 g Champignons - 20 kleine neue Zwiebeln mit der Hälfte des Stengels - 10 weiße Trauben, geschält, entkernt und halbiert - 2 Eigelb, mit 3 cl Sahne vermischt - 70 g Butter - Kerbelzweiglein - 1 kleines Bouquet garni - Saft von 1/2 Zitrone - Salz, Pfeffer

Zubereitung der Blanquette

Die Flügel abschneiden, so daß der fleischigste Teil übrig bleibt. Den Flügel aufbinden und den feineren der beiden Knochen aufbewahren.

Das Fleisch an der Basis des Mittelknochens zu kleinen Keulen formen.

In 50 g Butter anbräunen und entfetten. Mit dem Consommé aufgießen. Auf kleiner Flamme zwanzig Minuten garen. Gegen Ende der Garzeit die gekochten Keulen hinzufügen. Warm stellen.

Zubereitung der Garnituren

Die Champignons putzen, waschen und vierteln.

Eine mittlere Schwenkkasserolle bis zur Hälfte mit Wasser füllen, den Zitronensaft und 20 g Butter hinzufügen, salzen und pfeffern. Die Champignons hineingeben und zehn Minuten bei starker Hitze garen. Warm stellen.

Ein wenig Kochflüssigkeit der Keulen abnehmen, zum Kochen bringen und darin die kleinen neuen Zwiebeln kochen. Warm stellen.

Fertigstellung

Die Champignons abtropfen lassen und zu den kleinen Zwiebeln geben. In einer mittleren Schwenkkasserolle den Champignonsud und 3 dl der Kochflüssigkeit auf ein Drittel reduzieren, die Sahne hinzufügen, zur Konsistenz einer sämigen Sauce reduzieren, abschmecken, den Verjus hinzugeben und vom Feuer nehmen.

Zur Herstellung des Bindemittels in einer Schale die Sahne, einen Schöpflöffel Bouillon und die Eier miteinander vermischen. Unter die Kochflüssigkeit ziehen, ohne aufkochen zu lassen.

Präsentation

Die Keulen und die Flügel sehr warm auf einer tiefen Platte anrichten. Die kleinen Zwiebeln und die Champignons darauf anrichten. Mit der Sauce übergießen und den halben Trauben und den Kerbelzweiglein bestreuen.

Abraham Migon,
Der Hahn.

PATTES DE VOLAILLE FARCIES

Gefüllte Geflügelkeulen

Für 4 Personen

4 Geflügelkeulen (vorzugsweise Hühnchen) - 2 l Geflügelbouillon (siehe Grundtechniken) - 100 g Karotten - 100 g vom Weißen einer Lauchstange - 50 g weiße Zwiebeln - 50 g Knollensellerie - 1 Zitrone - 100 g rohes Geflügelfleisch - 50 g geräucherter Schinken - 30 g Butter - 3 Netze, in Eiswasser sorgfältig gewässert - 2 ganze Eier und 2 Eigelb - 200 g feines Paniermehl - 100 g gesiebtes Mehl - 1 Fritierbad von 1 l Inhalt - 2 Sträußlein Kresse - 2 cl Nußölvinaigrette - Kräutersträußlein (Kerbel, glatte Petersilie, Estragon, Koriander, Schnittlauch) - 1 dl Bratenjus - Salz, Pfeffer

Zubereitung der Geflügelkeulen

Bevor man die Geflügelkeulen am Unterschenkelgelenk abschneidet, den Geflügelhändler bitten, die Sehnen (insgesamt sieben) der Keulen und Unterschenkel zu entfernen. Die Keulen waschen, überbrühen, das Fleisch abschaben, die Krallen abschneiden und mit Zitrone beträufeln. Blanchieren, abschrecken, auf ein Holzbrett binden und mit Folie bedecken. Die Bouillon aufkochen, die Keulen hineingeben und drei Stunden leise köcheln lassen.

In der Zwischenzeit das Gemüse, das Geflügelfleisch und den Schinken feinwürfeln. In einer Kasserolle diese Brunoise mit der Butter dünsten, salzen und pfeffern; mit einigen Eßlöffeln Bouillon ablöschen und etwa zehn Minuten köcheln lassen. Abkühlen lassen. Wenn die Keulen gar sind, herausnehmen, abkühlen lassen und von den Brettchen lösen. Die sorgfältig trockengeriebenen Netze ausbreiten und die Geflügelkeulen mit gespreizten Zehen darauflegen. Zwischen den Zehen die gegarte Brunoise verteilen und jede Keule so mit dem Netz bedecken, daß die Form der Keule erhalten bleibt. Die zwei Eier und die zwei Eigelbe schlagen, salzen und pfeffern. Jedes Netz im Mehl wälzen, den Überschuß abstreifen, dann in den geschlagenen Eiern und schließlich im Paniermehl wenden. An einem kühlen Ort eine bis zwei Stunden trocknen lassen. Den Vorgang wiederholen, jedoch ohne Mehl, und beiseite stellen.

Zubereitung des Salats

Die Kresse abzupfen und sorgfältig waschen. Mit einer Nußölvinaigrette würzen. Alle Kräuter abzupfen, den Schnittlauch zu Stäbchen schneiden und alles miteinander vermischen.

Fertigstellung und Präsentation

Die Geflügelkeulen in das heiße Fritierbad tauchen und auf Küchenkrepp abtropfen lassen. Jeweils eine fritierte Keule in die Mitte eines vorgewärmten Tellers geben. Mit dem Salat kranzförmig umgeben, mit der feingehackten Kräutermischung bestreuen und mit einem kleinen Band Bratensaft rings um die Keule abschließen.

RISSOLES D'ŒUFS AU CÉLERI

Eier-Rissolen mit Sellerie

Für 4 Personen

4 2 mm dicke Selleriescheiben von 8 cm Durchmesser - 4 dünne Selleriescheiben von 10 cm Durchmesser, mit einem Teigausstecher ausgeschnitten - 4 Eigelb und 1 Eiweiß - 100 g Champignons, feingehackt - 10 g gehackte Schalotte - 20 g Butter - 10 g gehackte Trüffeln - 5 g Stärkemehl - 1 l Fritieröl - Kerbelzweiglein - 1/2 Zitrone - Salz, Pfeffer
Butterbeilage: *60 g Butter - Saft von 1/2 Zitrone - Salz, Pfeffer*
Garnitur: *20 Champignons mittlerer Größe - Saft von 1/2 Zitrone - 15 g Butter - Salz, Pfeffer*

Zubereitung der Eier-Rissolen

In einer mittleren Schwenkkasserolle die Schalotte in 20 g Butter andünsten, ohne Farbe annehmen zu lassen. Die gehackten Champignons hineingeben, mit einem Schuß Zitronensaft beträufeln, salzen und pfeffern. Garen, bis alle Flüssigkeit der Champignons verkocht ist. Die gehackte Trüffel dazumischen. Abkühlen lassen. Die Selleriescheiben zwei bis drei Minuten in leicht gesalzenem und gesäuertem Wasser pochieren. Rasch in Eiswasser abkühlen. Sorgfältig abtropfen lassen und auf einem Tuch trocknen. In die Mitte der kleineren Scheiben einen Eßlöffel der Trüffelduxelles geben. Eine kleine Vertiefung machen. Die Eier aufschlagen und die Eigelb in die Vertiefungen geben. Salzen und pfeffern. Das Stärkemehl und das Eiweiß miteinander vermischen, damit die Ränder der Selleriescheiben bestreichen. Die Rissolen mit den zweiten Selleriescheiben vorsichtig bedecken. Ringsum 2 cm tief einschneiden. Die eingeschnittenen Ränder nach unten drücken. Die Rissolen mit einem Spatel abheben und an einem kühlen Ort aufbewahren.

Zubereitung der Champignons

Mit Hilfe eines Riffelwerkzeugs in die Champignonköpfe eine Rosette schneiden. Die Küchenchefs erledigen dies mit einem Office-Messer, doch ist hierfür sehr viel Geschick notwendig. Wenn dies zu schwierig ist, die Köpfe unverziert verwenden. Die Füße abschneiden, die Köpfe sorgfältig waschen und mit 5 cl Wasser, 15 g Butter, dem Zitronensaft und Salz und Pfeffer in einer mittleren Kasserolle zum Kochen bringen. Vier Minuten lang auf starkem Feuer kochen. Warm stellen.

Zubereitung der Butter

Die Butter zerlassen, salzen, pfeffern und den Zitronensaft hinzufügen. Warm stellen.

Fertigstellung und Präsentation

Die Rissolen mit der bauchigen Seite nach unten in das Fritieröl tauchen. In drei bis vier Minuten etwas Farbe annehmen lassen. Zum Abtropfen auf Küchenkrepp legen. Das Eigelb muß flüssig bleiben.
Auf vorgewärmte Teller jeweils eine Eierrissole legen und mit einem feinen Band Zitronenbutter umziehen. Die Champignonköpfe dazugeben und mit Kerbelsträußchen bestreuen.

ŒUFS DE CAILLES AUX OURSINS

Wachteleier mit Seeigeln

Für 4 Personen
20 g Butter - 12 Wachteleier - 4 Seeigel - 80 g rohe Foie gras, in 5 × 5 mm große Würfel geschnitten - grob gemahlener Pfeffer - grobes Salz, Salz, Pfeffer

Zubereitung der Seeigel

siehe Seite 72

Durchführung

Backofen auf 200° C vorheizen.
In jede leicht ausgebutterte Seeigelschale vorsichtig drei Wachteleier schlagen, ohne sie auslaufen zu lassen. Salzen und pfeffern. Beiseite stellen. Die Foie gras-Würfel salzen und pfeffern und in einer Pfanne mit glattem Boden bei großer Hitze sehr schnell anbräunen. Auf Küchenkrepp abtropfen lassen. Beiseite stellen.

Präsentation

Die Seeigelschalen drei Minuten im heißen Ofen mit Aluminiumfolie bedeckt backen. Die Zungen in ihrem Saft anwärmen. Die Schalen aus dem Backofen nehmen, die Foie gras darauf verteilen, die Seeigelzungen dazugeben, mit zwei Körnern grobem Salz und zwei Körnern gestoßenem Pfeffer abrunden.
Dazu geröstete Phantasiebrote reichen (Speckbrot, Nußbrot, Kürbisbrot).

Jean-Baptiste Siméon Chardin,
Speisen für die Genesung.

ŒUFS POCHÉS AU COULIS DE FOIES DE GIBIER

Pochierte Eier in Wildleberncoulis

Für 4 Personen

4 Eier - 200 g Fasanen- oder Wildentenlebern - 1 dl Wildgeflügelfond - 1 dl Sahne - 2 Wacholderbeeren, zerdrückt - 1 Schalotte, gehackt - 50 g Butter - 1 Kaffeelöffel scharfer Senf - 1 Thymianzweiglein - 5 cl weißer Essig - 10 g grobes Salz - grob zerstoßener Pfeffer - 1 Granatapfel - 200 g Spinatblätter

Herstellung des Coulis

Die Lebern putzen und die Lappen voneinander trennen. Den Senf und die Thymianblüten miteinander vermischen. Die Lebern mit diesem Senf bestreichen, auf ein Backblech legen, unter dem Heizstab des Backofens eine Minute auf beiden Seiten grillen. Drei Viertel der rosa gebratenen Lebern zu cremiger Konsistenz pürieren. In einer Schwenkkasserolle die Schalotte mit 20 g Butter andünsten und das Leberpüree, den Wildgeflügelfond, die Sahne und die Wacholderkörner dazugeben. Fünf bis sechs Minuten ziehen lassen. Durch ein Spitzsieb passieren. Warm stellen.
Die Spinatblätter in 30 g der braunen Butter rasch garen, salzen und pfeffern. Beiseite stellen.

Zubereitung der Eier

Backofen auf 200 bis 220° C vorheizen. Die Eier einzeln auf Teller schlagen.
Die Eier vorsichtig in eine Kasserolle mit 2 l kochendem Wasser, dem Essig und dem groben Salz gleiten lassen und pochieren. Mit einem Schaumlöffel das Eiweiß um das Eigelb ziehen. Nach etwa vier Minuten abtropfen lassen, auf ein Tuch legen und die Eier mit einem Messer rund schneiden.

Präsentation

Den Boden eines Tellers mit Spinatblättern auslegen. Die ganzen Lebern auf starkem Feuer nochmals erhitzen, aufschneiden, im Kranz um den Spinat legen, mit drei Körnern grobem Salz und dem groben Pfeffer würzen. In die Mitte ein Ei legen. Mit der warmen Sauce überziehen. Mit den Granatapfelkernen bestreuen.

ŒUFS COCOTTE AVEC UNE CRÈME DE CIBOULETTE

Eier im Schmortopf mit Schnittlauchcreme

Für 4 Personen

4 sehr frische Eier - 20 g Butter - 40 g Crème double - 1 sehr fein gehackter Schnittlauchstengel - 100 g flüssige Sahne - Saft von 1/2 Zitrone - Salz, Pfeffer

Zubereitung der Eier

Backofen auf 160° C vorheizen.
Vier Porzellanförmchen ausbuttern und den Boden mit Salz und Pfeffer bestreuen. In jedes Förmchen ein Ei schlagen. Je 10 g Crème double hinzufügen. Die Förmchen mit Alufolie bedecken. Ins Wasserbad stellen und das Wasser rasch zum Kochen bringen.
Das Wasserbad etwa vier bis sechs Minuten in den Backofen stellen, bis das Eiweiß gerinnt; das Eigelb soll weich bleiben (während der Garzeit die Schnittlauchcreme zubereiten).

Zubereitung der Schnittlauchcreme

In einer mittleren Kasserolle die flüssige Sahne zu sämiger Konsistenz einkochen. Salzen, pfeffern, Zitronensaft und gehackten Schnittlauch hinzufügen.

Fertigstellung und Präsentation

Die Eier herausnehmen, mit ein wenig Sauce überziehen, die Förmchen auf vier Teller verteilen, die mit einer gefalteten Serviette geschmückt sind. Unverzüglich zu Tisch bringen, da das Ei weiter gart. Die Schnittlauchcreme in einer Sauciere dazu reichen.

Römische Kunst, *Stilleben mit Eiern und Wildgeflügel.*

ŒUFS FRITS AU JUS VINAIGRÉ

Gebackene Eier in Essigjus

Für 4 Personen

4 frische Eier - glatte Petersilie, gewaschen und geputzt - 1 l Fritieröl - 100 g geräucherter Bauchspeck - Salz

Garnitur: *200 g Kartoffeln, geschält und gewaschen (Bintjes) - Fritieröl - Salz*

Essigjus: *1 dl Sherryessig - 1 dl Bratenjus - 30 g braune Butter - 20 g gehackte Schalotte*

Zubereitung der Strohkartoffeln

Die Kartoffeln in lange dünne Streifen schneiden. Waschen und trockenreiben. Drei Minuten in einer 140° C heißen Fritüre blanchieren. Auf Küchenkrepp oder im Fritierkorb abtropfen lassen. Beiseite stellen.

Zubereitung des Essigjus

In einer mittleren Kasserolle 5 cl Essig mit der Schalotte langsam reduzieren. Wenn alle Flüssigkeit verkocht ist, den restlichen Essig hinzufügen und erneut einkochen. Mit dem Bratensaft aufgießen, zum Kochen bringen, salzen, pfeffern, mit der braunen Butter vermischen. Warm stellen.

Den geräucherten Speck in feine Scheiben schneiden. In eine Kasserolle mit ungesalzenem Wasser geben. Zum Kochen bringen. Abschrecken. Beiseite stellen.

Zubereitung der gebackenen Eier

Die Eier in vier Tassen schlagen und vorsichtig in die heiße Fritüre gleiten lassen. Drei bis vier Minuten backen, bis sie eine hellgelbe Farbe angenommen haben. Mit einem Schaumlöffel herausnehmen und auf Küchenkrepp legen. Formen und salzen.

Fertigstellung

In einer Pfanne mit glattem Boden die blanchierten Speckstreifen anbräunen und einen Teil des Fetts auslassen. Die Strohkartoffeln zwei bis drei Minuten in heißes Öl geben. Sorgfältig abtropfen lassen und salzen. In derselben Weise mit den Petersilienzweiglein verfahren.

Präsentation

Auf jeden Teller ein mit einer Speckscheibe garniertes Ei geben, die Strohkartoffeln und die fritierte Petersilie danebenlegen und mit Essigjus umziehen.

Diego Velázquez,
Eier kochende Frau.

ŒUFS DE CANES AU PLAT

Enteneier mit Trüffeln

Für 4 Personen

4 Enteneier - 120 g frische Trüffeln (in 32 feine Scheiben geschnitten) - 50 g Butter - 50 g Spinatschößlinge, abgetropft - Saft von 1/2 Zitrone - 3 cl Olivenöl - Salz, Pfeffer

5 Tage vor der Zubereitung
Die Trüffeln mit den Enteneiern in ein Einmachglas geben. Dicht verschließen und kühlstellen. Die Trüffeln können dann den Eiern ihr Aroma mitteilen.

Zubereitung

Backofen auf 140° C vorheizen.
In der Mitte der Teller eine Rosette aus acht gesalzenen und gepfefferten Trüffelscheiben auslegen. Mit den gewürzten und mit dem angesäuerten Olivenöl überglänzten Spinatschößlingen umgeben.
Je 10 g Butter in vier Blini-Förmchen zerlassen, salzen und pfeffern. Bei mäßiger Hitze jeweils ein Ei hineinschlagen. Die Eigelbe mit 10 g zerlassener Butter beträufeln und mit einem kleinen Stück Butterbrotpapier bedecken. Zwei bis drei Minuten in den Backofen stellen.
Garzeit überwachen.

Präsentation

Je ein Ei auf die Trüffelrosette gleiten lassen. Dazu gegrillte und mit Gänseschmalz bestrichene Landbrottoasts reichen.

ŒUFS
À LA CRÈME DE CHAMPIGNONS

Eier an Champignoncreme

Für 4 Personen

200 g flüssige Sahne - 100 g Champignons, sehr fein gehackt - 10 g Butter - 10 g feingehackte Schalotte - 80 g geschlagene Sahne - Saft von 1/2 Zitrone - Salz, Pfeffer

Panade: *200 g gesiebtes Mehl - 3 Eier plus 3 Eigelb, 4 Schalen (beiseite stellen) - 200 g feines Panier-mehl - 1 l Fritieröl*

Garnitur: *4 Brioche-Scheiben (siehe Seite 202).*

Zubereitung der Champignoncreme

In einer mittleren Kasserolle die Schalotte mit der Butter andünsten, die Champignons und einen Schuß Zitronensaft hinzufügen, salzen und pfeffern. Garen, bis alle Flüssigkeit verdampft ist. Abkühlen lassen.

Die Spitzen der Eier mit einem Eierschneider abschneiden. Den Boden der Schalen mit einer feinen Nadel durchstechen. Den Inhalt der Eier ausleeren. Die Schalen spülen und trocknen. Beiseite stellen.

In einer mittleren Kasserolle die flüssige Sahne auf ein Viertel reduzieren; dabei ständig schlagen, damit sie nicht anbrennt. Rasch auf Eis abkühlen.

Wenn die Sahne gerade noch lauwarm ist, die Champignonduxelles und die sorgfältig geschlagene Sahne hinzufügen, salzen, pfeffern und den restlichen Zitronensaft dazugeben. Die Schalen mit Hilfe eines Spritzbeutels mit dieser Masse füllen. Drei Stunden gefrieren.

Die Eier vorsichtig schälen.

Sofort in Mehl wälzen und erneut eine Stunde in das Gefrierfach stellen. Die Eier für die Panade schlagen. Jedes Ei hiermit überziehen, abtropfen lassen und in dem Paniermehl wälzen. Diesen Vorgang dreimal wiederholen und die Eier dazwischen jeweils eine Stunde in das Gefrierfach legen.

Zubereitung der Eier in Champignoncreme

Backofen auf 80° vorheizen.

Jedes Ei mit einer großen Nadel an der spitzen Seite des Eis leicht einstechen. Die Eier drei bis vier Minuten in das heiße Fritieröl tauchen, bis sie eine schöne Farbe angenommen haben. Auf Küchenkrepp abtropfen lassen. Aus Aluminiumfolie vier kleine Eierbecher formen. Die Eier ganz gerade hineinstellen und zehn Minuten in den warmen Backofen stellen. Die Temperatur im Inneren mit Hilfe einer Nadel prüfen, die man in den zuvor gemachten Einstich in der Mitte des Eis sticht. Nach einigen Sekunden die Nadel über die Zungenspitze oder den Lippenrand führen. Die Nadel muß warm sein.

Präsentation

Die vier Brioche-Scheiben toasten, zu Häppchen zerteilen und die Eier auf hübschen Eierbechern servieren.

Da die Zubereitung der Eier etwa sechs Stunden in Anspruch nimmt, kann man die Champignoncreme am Vortag zubereiten.

Kozo, *Ei.*

ŒUF D'AUTRUCHE

Straußenei

Für 4 Personen

1 Schweinsblase, in Eiswasser sorgfältig gewaschen - 32 Eiweiß - 16 Eigelb - Salz, Pfeffer
Garnitur: *200 g Sellerieknolle, in Stäbchen von 0,5 × 5 cm Größe geschnitten - 2 Eigelb - 10 g scharfer Senf - 100 g Feldsalat, gewaschen und abgetrocknet - 5 cl Olivenöl - 5 cl Erdnußöl - 5 g Meerrettich, gerieben - Saft von 1/2 Zitrone - 30 g rohe Sauerampferblätter, feingehackt - Salz, Pfeffer*

Zubereitung des Eis

Die Eiweiße salzen und pfeffern und vermischen, ohne sie zu schlagen. Die Hälfte in die getrocknete Blase gießen. In leise köchelndem Wasser pochieren, indem man die Blase mit einer Schnur, die man an den Henkeln des Behälters befestigt, gerade hält. Die Blase muß in das Wasser eingetaucht sein, ohne den Boden der Kasserolle zu berühren. Nach dem Garen auf lauwarme Temperatur abkühlen lassen; dann mit einem Suppenlöffel eine Höhlung machen. Die Eigelbe salzen, pfeffern und miteinander vermischen. Damit den Hohlraum ausfüllen. Wiederum im leise köchelnden Wasser garen. Wenn die Eigelbe anziehen, das restliche Eiweiß daraufgießen. Die Blase dicht verschließen und garen, bis man ein großes hartes Ei hat. Die Blase abschrecken und wegschneiden.

Zubereitung der Garnitur

Die Selleriestäbchen in leicht gesalzenem und gesäuertem siedendem Wasser blanchieren. Nach dem Garen gut abschrecken, abtropfen lassen und vorsichtig trockenreiben. Mit den Eigelben, dem Olivenöl und dem Erdnußöl eine Mayonnaise aufschlagen; zuletzt den Zitronensaft und den geriebenen Meerrettich dazurühren. Salzen und pfeffern.
Die Selleriestäbchen mit ein wenig Mayonnaise umhüllen und den Rest in eine Sauciere geben.

Präsentation

Aus Alufolie eine große Unterlage herstellen, in die man eine Serviette legt. Das „Straußenei" darauflegen. Die Selleriestäbchen in einer Gemüseschüssel anrichten, mit den Feldsalatblättern umlegen und dem rohen Sauerampfer bestreuen. Die Mayonnaise in einer Sauciere getrennt dazu reichen.

FISCH

Französisches Manuskript aus dem 13. Jahrhundert, *Le Roman de Renart*.

TOASTS D'ANCHOIS À LA CRÈME D'HUÎTRES ET AU CRESSON

Anchovistoasts an Austernrahmsauce mit Kresse

Für 4 Personen

8 Brötchen von 8 bis 10 cm Durchmesser - 12 Austern (Fines de claire Nr. 2), die man öffnet, aus den Schalen nimmt, abspült, abtrocknet und hackt - 12 frische Sardellen - 20 g feingehackte Schalotte - Saft von 1/2 Zitrone - 2 dl flüssige Sahne - 3 cl trockener Weißwein - 50 g Wakame-Algen, 10 Minuten in ungesalzenem Wasser blanchiert, abgetropft, getrocknet und feingehackt - 2 Kressesträußlein, gewaschen, trockengeschleudert - Kerbel, Koriander, Estragon, Schnittlauch, feingehackt - 6 cl Nußöl-Vinaigrette - 1 Messerspitze Cayennepfeffer - Salz, Pfeffer

Anchovismarinade: 150 g grobes Salz - 150 g Zucker - 20 g zerstoßener Koriander - 20 g zerstoßener weißer Pfeffer.

Anchovisbeize: 3 dl Olivenöl - 2 Lorbeerblätter - 3 Basilikumblätter - 3 Knoblauchzehen, zerdrückt - 1 Prise Thymianblüten - Zitronenlikör

Zubereitung der marinierten Anchovis

36 Stunden vorher: Die Anchovisköpfe zwischen Daumen und Zeigefinger fassen und abreißen, auf den Bauch drücken, um die Eingeweide herauszudrücken, und die Anchovis öffnen, indem man an der Mittelgräte vom Kopf zum Schwanz zieht. Die Filets mit klarem Wasser abspülen und auf einem Tuch trockenreiben. Die Zutaten der Marinade miteinander vermischen. Mit einer Lage dieser Mischung den Boden einer Form auslegen. Die in ein Mulltuch eingeschlagenen Anchovisfilets flach darauflegen und mit der restlichen Mischung bedecken. Vierundzwanzig Stunden an einem kühlen Ort ruhen lassen. Die Anchovis herausnehmen, rasch abspülen und abtrocknen. Die Zutaten der Beize miteinander vermischen und die Anchovis darin zwölf Stunden ziehen lassen.

Zubereitung der Austernrahmsauce

Am selben Tag: Die Schalotte im Weißwein andünsten. Die Sahne sehr steif schlagen. Salzen, pfeffern und Zitrone, gehackte Austern, Schalotte, Algen und die Messerspitze Cayennepfeffer hinzufügen.

Herstellung der Toasts

Die Anchovisfilets abtropfen lassen und drei Minuten unter den Grill stellen. Die Brötchen der Länge nach halbieren. Mit dem Öl der Beize bestreichen und unter dem Heizstab des Backofens grillen. Mit der Austernsauce bestreichen und die Anchovisfilets darauf verteilen.

Osias Beert,
Stilleben mit Austern.

HUÎTRES EN GELÉE

Austern in Aspik

Für 4 Personen

30 Austern (Spéciales Nr. 3) - 1/2 Bund Kresseblät-
ter, gewaschen und abgetropft (250 bis 300 g)
Austernrahmsauce: *1,5 dl flüssige Sahne - 20 g ge-*
hackte Schalotten - Saft von 1/4 Zitrone - 3 cl trok-
kener Weißwein - 1 Messerspitze Cayennepfeffer -
Salz, Pfeffer
Aspik: *Austernsaft (etwa 10 cl) - 1/2 Blatt Gelatine -*
Pfeffer

Vorbereitung der Austern

Die Austern öffnen und das Meerwasser aufbewahren; das
Austernfleisch herausnehmen, auf ein Tuch legen. Die
Schalen waschen und säubern.

Zubereitung des Aspiks

Den Austernsaft auf 40° C erwärmen; die Gelatine in kaltem Wasser erweichen lassen und zum Meerwasser geben.
Vorsichtig vermischen, damit die Flüssigkeit nicht trüb
wird. Aus der Mühle leicht überpfeffern und in den Kühlschrank stellen.

Zubereitung der Austernrahmsauce

6 Austern abnehmen und mit dem Messer hacken. Die
Schalotten in Weißwein andünsten und abkühlen lassen.
Die gehackten Austern, Schalotten, Sahne, Zitronensaft
und einige gehackte Kresseblätter miteinander vermischen.
Salzen, pfeffern und mit einer Prise Cayennepfeffer ab-
runden.

Vorbereitung der Schalen

In die Schalen einen Kaffeelöffel Austernrahmsauce geben,
eine Auster darauflegen, aus der Mühle leicht überpfeffern
und mit Kresseblättern bedecken. Das Aspik herausnehmen, das eine sämige Konsistenz haben soll. Gegebenenfalls im kalten Wasserbad anziehen lassen. Die Muscheln
mit diesem Aspik überziehen und kühl stellen.

Präsentation

Pro Person sechs Austern auf Glastellern reichen.

SALADE DE CRABES À LA BIÈRE

Krebssalat an Biersauce

Für 4 Personen

3 l Court-bouillon (siehe Seite 30) - 4 große lebende Taschenkrebse - 1 dl Tomate á la française (siehe Seite 30) - 1 dl Mayonnaise - 400 g weiße Hopfenschößlinge (brutto 1 kg) - 200 g Eichblattsalat, gewaschen und getrocknet - 1 Zitrone - einige Kerbelzweiglein - 1 Bund Schnittlauch, gehackt - Salz, Pfeffer

Bier-Vinaigrette: Saft von 1/2 Zitrone - 1 rohes Eigelb - 5 cl herbes Bier - 2,5 cl Erdnußöl - 2,5 cl Walnußöl - 1 Kaffeelöffel scharfer Senf - Salz, Pfeffer

Zubereitung der Hopfenschößlinge

Dies ist der eßbare Teil der Pflanze, den man vom holzigen Teil abtrennt, wie man es bei grünem Spargel macht. Den holzigen Teil wegwerfen.

Die Schößlinge mehrmals waschen und gut abtropfen. In Zitronensaft eintauchen. In eine Kasserolle legen, mit Wasser knapp bedecken, salzen, aufkochen und 6 bis 7 Minuten garen, so daß sie noch etwas Biß haben. Abtropfen lassen und auf einem Tuch trocknen. Beiseite stellen.

Zubereitung der Krebse

Die Krebse in einer gewürzten Court-bouillon 10 bis 12 Minuten kochen. Wenn sie gar sind, abkühlen lassen und sorgfältig schälen. Die Mayonnaise mit der Tomate à la française vermischen, abschmecken und das Krebsfleisch vorsichtig einarbeiten. Mit einem Suppenlöffel acht Klößchen formen.

Zubereitung der Biervinaigrette

In einer Schüssel das rohe Eigelb und den Senf schlagen. Unter weiterem ständigem Schlagen das Olivenöl, das Nußöl, den Zitronensaft und das Bier einarbeiten. Salzen, pfeffern.

Fertigstellung und Präsentation

Die Salatblätter mit einem Teil der Vinaigrette vermischen und auf dem Teller zu einer Rosette legen. Die Hopfenschößlinge (gut gesalzen und gepfeffert) in derselben Weise würzen und kunstvoll darauf verteilen. In die Mitte der Rosette zwei Krebsfleischklößchen legen. Mit Schnittlauch und Kerbelblättern dekorieren.

Pieter Claesz,
Stilleben mit Krebs.

68

RISSOLES DE CRABES

Krebs-Rissolen

Für 4 Personen

4 große lebende Taschenkrebse - 3 l Court-bouillon (siehe Seite 30) - 200 g Blätterteig - 1 l Fritieröl - 1 großes Sträußlein krause Petersilie, abgezupft, gewaschen und getrocknet - 100 g Butter - Saft von 1/2 Zitrone - 50 g geröstete Haselnüsse, geschält und zerstoßen - 2 Eigelb zum Bestreichen - Salz, Pfeffer
Krebsschalenconsommé: *die Krebspanzer - 3 cl Olivenöl - 1 Karotte - 1 große Zwiebel - das Weiße einer Lauchstange - 3 Knoblauchzehen, geschält und zerdrückt - 1 Bouquet garni - 2 cl Cognac - 2 frische Tomaten, in grobe Stücke geschnitten - 1 Eßlöffel Tomatenpüree - 100 g Lauchgrün, feingehackt - 4 Eiweiß*
Krebsmasse: *30 g feingehackte Schalotte - 3 cl Noilly Prat - 2 dl Krebsschalenconsommé - 1 dl flüssige Sahne - Kerbel, frischer Koriander und Schnittlauch, alles feingehackt.*

Zubereitung der Krebse

Krebse zehn bis zwölf Minuten in einer gewürzten Court-bouillon kochen. Abtropfen lassen, abkühlen lassen und sorgfältig von den Schalen befreien, beiseite stellen.

Zubereitung des Krebsschalenconsommés

Die Karotte, die große Zwiebel und das Weiße der Lauchstange *en mirepoix* schneiden.
In einer bauchigen Schwenkkasserolle das Olivenöl erhitzen und die Krebsschalen unter fortwährendem Rühren anbräunen. Die Hitze verringern, die Mirepoix vorsichtig andünsten, Knoblauch, Bouquet garni, Tomatenpüree und frische Tomaten dazugeben. Hitze höher stellen und mit Cognac flambieren. Mit 1 1/2 l Wasser aufgießen. Aufwallen lassen, die Hitze verringern und vierzig Minuten garen. Durch eine Etamine abseihen.
In einer großen Schüssel die Eiweiße mit einigen Eisstückchen zu schaumiger Konsistenz schlagen, das Lauchgrün hinzufügen, die Mischung zur Bouillon gießen und klären (siehe Grundtechniken). Das Consommé durch ein mit einem Tuch ausgekleidetes Spitzsieb passieren. Beiseite stellen.

Zubereitung der Krebsmasse

In einer mittleren Kasserolle das Krebsschalenconsommé auf zwei Drittel reduzieren, die Sahne dazugeben, erneut reduzieren, so daß man eine dicke Sauce erhält; salzen und pfeffern. Getrennt die Schalotte mit dem Noilly Prat andünsten und mit der reduzierten Sahne vermischen. Abkühlen lassen. Vorsichtig das Krebsfleisch und die Kräuter unterziehen. Abschmecken. Kühl stellen.

Zubereitung der Rissolen

Pro Person rechnet man drei bis vier Stück.
Blätterteig auf 3 bis 4 mm Dicke ausrollen. Mit einem gewellten Teigausstecher Scheiben von 8 cm Durchmesser ausschneiden. Die Ränder mit ein wenig Wasser beträufeln. Einen Eßlöffel Krebsmasse daraufgeben, den Teig schließen und die Ränder dichtdrücken. Dreißig Minuten kühl stellen. Die Eigelbe mit 2 cl Wasser vermischen, die Rissolen bepinseln, in heißem Öl ausbacken und auf Küchenkrepp abtropfen lassen.
Die krause Petersilie fritieren und abtropfen lassen.

Präsentation

Die Rissolen auf einer Serviette auf einem Teller anrichten und mit der fritierten Petersilie umlegen. Getrennt in einer Sauciere die Butter reichen, die man mit dem Zitronensaft und den gerösteten Nüssen aufgeschlagen hat.

HOMARD RÔTI AUX ARTICHAUTS ET À L'AIL

Gebackener Hummer mit Artischocken und Knoblauch

Für 4 Personen

1 bretonischer Hummer, 2,2 kg schwer - 5 cl Olivenöl - 40 Knoblauchzehen, ungeschält - 4 Artischokken - 1 Zitrone - 3 cl Erdnußöl - 6 cl Olivenöl - 50 g cremige Butter - 2,5 dl Bratenjus - Koriander und Kerbel, zerstoßen - Salz, Pfeffer
Hummerbutter: 300 g Butter - 1 Karotte - 1 Zwiebel - das Weiße einer Lauchstange - 2 cl Olivenöl - 3 zerdrückte Knoblauchzehen - 1 Bouquet garni - Kopf und kleine Scheren des Hummers - 1 Tomate - 20 g Tomatenpüree - 2 cl Cognac

Zubereitung der Hummerbutter

Karotte, Zwiebel und das Weiße der Lauchstange schälen und *en mirepoix* schneiden. Den Kopf des Hummers spalten. Das Corail herausnehmen und mit ein wenig Wasser vermischen. Den Panzer mit einem Eßlöffel ausschaben. Panzer und Scheren zerstoßen. In einer Schwenkkasserolle in Olivenöl Farbe annehmen lassen. Die Gemüsegarnitur und die Gewürzgarnitur hinzufügen. Zehn Minuten unter Rühren köcheln lassen. Mit dem Cognac und dem Tomatenpüree ablöschen. Butter, 1/2 l Wasser und zum Zeitpunkt des Siedens das Corail hinzufügen. Bei sehr schwachem Feuer eine Stunde kochen lassen und sorgfältig abschäumen.

Nach dem Garen abseihen, die Butter erstarren lassen und kühl stellen. Während des Abkühlens scheidet sich die Butter über dem Wasser ab. Die Hummerbutter abnehmen, die jetzt eine orange Farbe hat und sehr intensiv duftet.

Zubereitung des Hummers

Den Hummer mit einer großen Säge in gleichmäßige Scheiben schneiden, ebenso die großen Scheren. 5 cl Olivenöl in einer Schwenkkasserolle erhitzen. Die gewürzten Hummerstücke 7 bis 8 Minuten an beiden Seiten kräftig goldbraun anbraten. Mit Aluminiumfolie bedecken und warm stellen.

Zubereitung der Artischocken und des Knoblauchs

Die Artischockenstiele abreißen, um die Fasern herauszuziehen. Mit einem Messer die Spitzen beschneiden, das Heu herausnehmen, die Böden mit Zitrone einreiben und in sechs oder acht Stücke schneiden.

Diese Artischockenstücke mit 3 cl Erdnußöl und 1 cl Olivenöl mit den Knoblauchzehen in einer Pfanne andünsten. In einem Sieb abtropfen lassen. Die Knoblauchzehen durchpressen, um die Schalen zu entfernen. Die Artischocken und den Knoblauch in einer Schwenkkasserolle mit der cremigen Butter dünsten und fertiggaren. Salzen und pfeffern. Nach der Zubereitung abtropfen lassen und warm stellen.

Fertigstellung und Präsentation

Den Bratenjus erhitzen, die Hummerbutter unterziehen, salzen und pfeffern.

Die Hummerstücke in einen gußeisernen Topf legen und bei starkem Feuer erhitzen. Den Knoblauch und die Artischocken hinzufügen.

Vor dem Servieren den Topf vom Feuer nehmen und einen mittleren Schöpflöffel Jus dazugeben. Mit Kerbel und Koriander bestreuen. Mit ein bis zwei Eßlöffeln kaltem Wasser begießen, wodurch ein verheißungsvolles Knistern entsteht. Die restliche Sauce getrennt dazu reichen.

Für die Auswahl der Gemüsegarnituren, die Fleisch und Fisch begleiten, habe ich folgendes Prinzip: Alles, was unter dem Meer oder unter der Erde wächst oder lebt, muß sich mit demjenigen verbinden, was darüber wächst oder lebt. Daher die Kombination Knoblauch, Hummer und Artischocken. Natürlich gibt es Ausnahmen, wie zum Beispiel die köstliche Taube mit jungen Erbsen!

Anne Vallayer-Coster,
Stilleben mit Hummer.

CRÈME DE HOMARD AUX LANGUES D'OURSINS

Hummercreme mit Seeigelzungen

Für 4 Personen

16 mittlere Seeigel - 2 dl Hummercreme - 1 dl Hummersuppe - 2 dl Sahne, sehr steif geschlagen - Saft von 1/2 Zitrone - Kerbelzweiglein - 1 Messerspitze Cayennepfeffer - Salz, Pfeffer

Hummercreme: 2 rohe Hummerköpfe (von lebenden Hummern abgenommen) - 3 cl Olivenöl - 2 dl Sahne - Salz, Pfeffer

Hummersuppe: 2 rohe Hummerköpfe (von lebenden Hummern abgenommen) - 3 cl Olivenöl - 1 cl Cognac - 1 Karotte - 1 Zwiebel - das Weiße einer Lauchstange - 1 mittlere Tomate - 2 Suppenlöffel Tomatenpüree - 1 Bouquet garni - 3 dl Fischfumet (siehe Grundtechniken) - 2 dl Sahne - Salz, Pfeffer

Zubereitung der Hummercreme

Die Hummerköpfe spalten. Das Corail mit ein wenig Wasser vermischen. Das Hummerfleisch mit einem Eßlöffel ausschaben.

Die Panzer zerstoßen und in einer Schwenkkasserolle mit Olivenöl anbräunen. Entfetten und mit 1,5 l Wasser aufgießen. Leicht würzen und dreißig Minuten leise köcheln lassen. Nach dem Garen durch eine Etamine passieren. In eine mittlere Kasserolle geben und jetzt das mit einigen Eisstückchen vermischte Corail einarbeiten. Wie bei einer Klärung vorgehen (siehe Grundtechniken). Zwanzig Minuten stehen lassen. Nochmals durch das Spitzsieb seihen.

Dieses Consommé auf ein Drittel reduzieren und die Sahne hinzufügen. Weiter einkochen, bis die Masse die Rückseite eines Löffels überzieht. Salzen, pfeffern und kühl stellen.

Zubereitung der Hummersuppe

Karotte, Zwiebel und das Weiße der Knoblauchstange waschen und *en mirepoix* schneiden. Die Hummerköpfe spalten. Das Corail herausnehmen und mit ein wenig Sahne pürieren.

Die Hummerschalen mit einem Eßlöffel sorgfältig ausschaben; zerstoßen. In Olivenöl anbräunen. Wenn sie Farbe angenommen haben, die Hitze reduzieren und die Gemüse- und Gewürzgarnituren etwa zehn Minuten vorsichtig andünsten. Auf ein starkes Feuer zurückstellen, entfetten und mit Cognac flambieren, mit dem Fischfumet begießen, das Tomatenpüree einarbeiten und zehn Minuten auf schwachem Feuer garen lassen. Die restliche Sahne und das Corail hinzufügen und diese Zubereitung einkochen, bis sie die Rückseite eines Löffels überzieht. Abschmecken. Durch ein Spitzsieb seihen.

Die geschlagene Sahne abkühlen und sehr vorsichtig unterziehen. Würzen, die Zitrone und die Messerspitze Cayennepfeffer hinzufügen. Kühl stellen.

Die Hände mit festen Handschuhen schützen.

Vom Mund des Tiers ausgehend mit einer Schere eine kreisförmige Öffnung in den oberen Teil des Seeigels machen. Die schwarzen Eingeweide entfernen und mit Hilfe der Rückseite eines kleinen Löffels die fünf Zungen aus jedem Seeigel herausnehmen. Auf Küchenpapier abtropfen lassen, ohne sie zu beschädigen.

Die Seeigelgehäuse säubern und abtropfen lassen.

Fertigstellung und Präsentation

Jeden Seeigelpanzer zur Hälfte mit der Hummercreme füllen. Mit der Sterndüse eines Spritzbeutels eine kleine Kuppel Hummersuppe aufspritzen. Die Seeigelzungen darauf verteilen und mit den Kerbelzweiglein schmücken. Tiefe Glasteller mit zerstoßenem Eis füllen. Auf jeden Teller vier Seeigel geben.

SARDINES À LA CRÈME DE THYM

Sardinen an Thymiansauce

Für 4 Personen

12 Sardinen à 60 g - 1 Zweiglein Feldthymian (Quendel) und einige Blüten - 3 dl flüssige Sahne - 1 dl Fischfumet (siehe Grundtechniken) - 1 gehackte Schalotte - 45 g Butter - 1 dl trockener Weißwein - 1/2 Karotte, feingehackt - Saft von 1/2 Zitrone - Salz, Pfeffer

Vorbereitung der Sardinen

Die Sardinen schuppen, ausnehmen, waschen und abtrocknen. In eine feuerfeste Form legen. Salzen und pfeffern. Backofen auf 180° C vorheizen.

Zubereitung der Sauce

In einer Schwenkkasserolle 15 g Butter zerlassen und die Schalotte andünsten. Mit der Hälfte des Weißweins aufgießen, den Quendel und die Karotte hinzufügen und aufkochen. Auf ein Drittel einkochen, mit dem Rest des Weißweins und dem Fischfumet aufgießen. Zu einer sirupartigen Konsistenz eindicken. Die Sahne hinzufügen und auf schwacher Hitze halten, bis man eine sämige Sauce erhält.

Zubereitung der Sardinen

Vor dem Servieren die Sardinen mit 30 g Butter bestreichen und in den Backofen schieben. Nach vier Minuten die Sardinen wenden und weitere drei Minuten garen. Aus dem Backofen nehmen.

Fertigstellung und Präsentation

Die Sardinen auf vier Teller verteilen. Die Sauce rasch vollenden: Durch ein Spitzsieb geben und den Zitronensaft hinzufügen. Abschmekken, die auf die Teller verteilten Sardinen vorsichtig überziehen und mit einigen Thymianblüten bestreuen. Als Beilage zu diesem Gericht eignen sich Kartoffeln.

Um die Sauce luftiger zu machen, kann man im letzten Augenblick einen halben Eßlöffel geschlagene Sahne dazugeben. Die Sauce ist dann sämiger, leichter und angenehmer am Gaumen.

SARDINES À L'HUILE

Sardinen in Öl

Für 4 Personen

16 Sardinen à 60 g - 2 dl Olivenöl - 2 dl Erdnußöl - 20 g weiße Zwiebeln, in Scheiben geschnitten - 1 Bouquet garni - 1 Karotte, in feine Scheiben geschnitten - 100 g Butter - 4 Scheiben Brot - Salz, Pfeffer

Zubereitung

Am Vortag: Die Sardinen schuppen, ausnehmen, waschen und sorgfältig säubern. Gegebenenfalls den Kopf entfernen. Auf eine Porzellanplatte legen. Von beiden Seiten salzen und pfeffern. In einer Kasserolle die beiden aromatisierten Öle mischen, zum Sieden bringen, auf 85° C abkühlen und damit die Sardinen bedecken. Über Nacht kühl stellen.
Am nächsten Tag: Die Sardinen abtropfen lassen. Vier Stück davon mit der Butter zerstampfen. Die Toasts mit dieser Farce bestreichen.

Präsentation

Die Sardinen mit den Zwiebeln, die während der Garzeit erweicht wurden, servieren. Dazu die Toasts reichen.

Frans Snyders,
*Die Fischhändler
(Ausschnitt).*

BEIGNETS DE LAITANCES DE HARENG

Heringsmilchbeignets

Für 4 Personen

12 Heringsmilche - 1 l Fritieröl

Heringsmilch-Court-bouillon: Saft von 1 Zitrone, in 1 dl Wasser aufgelöst - 50 g Butter - Salz

Sauce gribiche: *2 harte Eigelb - 2 dl Erdnußöl - 2 cl Sherryessig - 2 mittlere Cornichons - 1 Eßlöffel gehackte Kapern - 10 g Petersilie, Estragon, abgezupfter Kerbel, gewaschen, getrocknet und gehackt - 2 harte Eiweiße, in kurze, sehr feine Streifen geschnitten - 1 Kaffeelöffel scharfer Senf - Salz, Pfeffer*

Ausbackteig: *25 g gesiebtes Mehl - 125 g Stärkemehl - 10 g Backpulver - Thymianblüten - 1 Messerspitze Paprika - 20 g Sesamsamen - 1 cl Olivenöl - 4 Eiweiß - Salz, Pfeffer*

Dekoration: *Glatte Petersilie, fritiert, geriffelte Zitronen.*

Zubereitung der Sauce Gribiche

Die harten Eigelbe zu einer Farce verarbeiten und mit dem Senf vermischen. Mit dem Öl in der Art einer Mayonnaise unter kräftigem Schwingen des Besens aufschlagen. Salzen und pfeffern. Essig, Kräuter, Cornichons, Kapern und die feingeschnittenen Eiweiße hinzufügen. In einer Sauciere aufbewahren.

Zubereitung der Heringsmilche

Die Heringsmilche in Eiswasser wässern. Das kleine Blutgefäß an der Seite entfernen. Zwei Minuten in der Courtbouillon knapp unter dem Siedepunkt pochieren. Abschrecken, abtropfen lassen und auf einem Tuch abtrocknen. Die Heringsmilche in gleichmäßige Stücke mittlerer Größe schneiden. Beiseite stellen.

Zubereitung des Ausbackteigs

Das Mehl mit dem Stärkemehl sieben. Backpulver, Thymianblüten, Paprika und Sesamsamen hinzufügen. Das Olivenöl und 1 dl Wasser einarbeiten, so daß man einen glatten, ziemlich festen Teig erhält. Salzen und pfeffern.
Die Eiweiße sehr steif schlagen und mit einem Holzspatel vorsichtig unter den Teig heben. Nicht zu stark kneten.
Das Fritieröl erhitzen. Die Heringsmilche in den Teig einhüllen, leicht abtropfen lassen und in das nicht zu heiße Öl tauchen. Die knusprigen und goldbraunen Heringsmilchbeignets auf Küchenkrepp legen und warm stellen.

Präsentation

Auf heiße Teller eine Serviette legen. Die Heringsmilchbeignets in der Serviette anrichten. Mit der fritierten Petersilie und den geriffelten Zitronen dekorieren.

Gabriel Metsu,
Das Heringsfrühstück.

HARENGS SAURS SUR UNE FONDUE DE POIREAUX

Bückling mit gedünstetem Lauch

Für 4 Personen

4 Bücklinge - 4 Toastbrotscheiben (8 × 8 cm) - 2 Lauchstangen - 10 g feingehackte Schalotte - 30 g Butter - Saft von 1/2 Zitrone - gehackter Schnittlauch - Salz, Pfeffer

Marinade: 150 g grobes Salz - 150 g Zucker - 10 g zerstoßene Korianderkörner - 10 g zerstoßener weißer Pfeffer

Beize: 50 g feingehackte Karotten - 50 g weiße Zwiebeln, feingehackt - Thymian- und Rosmarinzweiglein - Lorbeerblatt, zerdrückt - 3 dl Olivenöl - 3 Knoblauchzehen, zerdrückt - 3 Basilikumblätter - 3 Estragonblätter

Vorbereitung der Bücklinge

Zwei Tage vorher:

Die Bücklinge schuppen und ausnehmen. Waschen, abtrocknen und die Filets abnehmen (die Milche für Beignets aufbewahren, siehe Seite 76, oder für eine andere Verwendung).

Die kleinen Gräten von den Filets mit Hilfe einer Pinzette entfernen. Salz, Zucker, Koriander und Pfeffer miteinander vermischen. Die Hälfte der Marinade auf den Boden eines Geschirrs geben. Die in ein Mulltuch eingeschlagenen Bücklingfilets flach darauflegen. Mit der restlichen Mischung bedecken. Vierundzwanzig Stunden an einem kühlen Ort stehen lassen.

Am Vortag:

Die Filets herausnehmen, rasch abspülen, abtrocknen und 24 bis 36 Stunden mit allen Zutaten der Beize ziehen lassen.

Zubereitung des Lauchs

Am selben Tag:

Den Lauch schälen, waschen und sehr fein schneiden. Zwei Minuten in kochendem Salzwasser blanchieren. Sofort abschrecken und abtropfen lassen.

In einer kleinen Schwenkkasserolle die Schalotte mit der Butter andünsten, den blanchierten Lauch dazugeben, salzen und pfeffern. Zwei Eßlöffel Wasser hinzufügen, zudecken und auf schwacher Hitze in dreißig Minuten einkochen. Häufig umrühren.

Zubereitung der Toasts

Die Bücklingfilets abtropfen lassen und abtrocknen und in der Größe der Toastscheiben zuschneiden. Jeden Toast mit einer Lage des gedünsteten Lauchs belegen. Ein Bücklingfilet darauflegen, mit einer Prise Beizöl bepinseln und einen Schuß Zitronensaft hinzufügen. Ein wenig Pfeffer aus der Mühle darübergeben und mit gehacktem Schnittlauch bestreuen.

Präsentation

Eine Serviette auf einen Teller legen und die Toasts darauf anrichten. Nach Belieben mit fritierter Petersilie garnieren.

MEURETTE D'ANGUILLES

Aal an Weinsauce

Für 4 Personen

2 Aale à 600 g - 150 g Champignons, geviertelt - 75 cl Rotwein (Syrah oder Passe-tout-grains) - 10 g Zucker - 2 dl Fischfumet (siehe Grundtechniken) - 5 cl Bratenjus - 2 gehackte Schalotten - 100 g geräucherte Schweinebrust, feingewürfelt - 20 g gehackte Petersilie - 6 cl Öl - 30 g Butter - 1 Bouquet garni - 2 Toastbrotscheiben - 1 Knoblauchzehe - Salz, Pfeffer

Vorbereitungen

Am Vortag: Wie auf Seite 80 angegeben verfahren.
Die Aale in 6 cm lange Stücke schneiden und im Rotwein mit dem Bouquet garni und 1 cl Öl ziehen lassen. Zugedeckt an einen kühlen Ort stellen.
Am nächsten Tag: Die Aalstücke abtropfen lassen und trockenreiben.
In einer Kasserolle die Marinade aufkochen und mit einem Streichholz flambieren.
In einem Topf die Aalstücke mit dem restlichen Öl anbräunen und abtropfen lassen.
Die Speckwürfel blanchieren, abschrecken und abtrocknen.

Herstellung der Weinsauce

In einem Schmortopf die Butter zerlassen und Schalotten, Champignons, Aalstücke und Speckwürfel andünsten. Mit der Hälfte der Marinade und dem Fischfumet aufgießen. Zucker, Bratenjus und Knoblauch hinzufügen. Fünf Minuten kochen lassen und die restliche Marinade und das restliche Fumet dazugießen. Fünfzehn Minuten leise köcheln lassen, den Aal abtropfen lassen und beiseite stellen. Zu einer sämigen und glatten Sauce reduzieren. Das Bouquet garni herausnehmen, abschmecken und die Aalstücke nochmals drei Minuten hineingeben.
Man kann die Sauce mit 30 g frischer Butter aufschlagen und eventuell ein püriertes Anchovisfilet und einen Schuß Zitronensaft einarbeiten.

Präsentation

In die Toastscheiben vier Herzen einschneiden. Die Weinsauce in eine Gemüseschüssel gießen, mit den Herzen, deren Spitze man in die Sauce getaucht hat, und der Petersilie verzieren.

Die Meurette ist für den Rotwein, was die Matelote für den Weißwein ist.
In derselben Weise stellt man eine Œuf-Meurette her; man braucht lediglich das Fischfumet durch einen Geflügelfond ersetzen.

Frans Snyders,
Die Fischhändler.

ANGUILLE GRILLÉE AU BEURRE DE MONTPELLIER, FENOUIL BRAISÉ

Gegrillter Aal an Montpellier-Butter mit geschmortem Fenchel

Für 4 Personen

1 lebender Aal, 800 g bis 1 kg schwer - 3 Fenchelknollen

Aal-Court-bouillon: *50 g Butter - 50 g Zwiebeln - 50 g Karotten - 1 zerdrückte Knoblauchzehe - 1 Bouquet garni - 3/4 l trockener Weißwein - Salz, Pfeffer*

Panade: *150 g zerlassene Butter - 30 g scharfer Senf - 200 g feine Semmelbrösel*

Montpellier-Butter: *10 g glatte Petersilie - 10 g Kerbel - 10 g Kresse - 10 g Estragon - 10 g Schnittlauch - 15 g Spinatblätter - 20 g gehackte Schalotte - 2 mittlere Cornichons - 1 Eßlöffel Kapern - 3 Anchovisfilets in Öl - 1 blanchierte Knoblauchzehe - 200 g cremige Butter - 1 hartes Eigelb - 1 rohes Eigelb - 1 dl Olivenöl - Saft von 1/2 Zitrone - 1 Messerspitze Cayennepfeffer - Salz*

Fenchelgemüse: *Speckschwarte - 50 g feingehackte Zwiebeln - 50 g feingehackte Karotten - 1 Knoblauchzehe, zerdrückt - das Weiße einer Lauchstange, feingehackt - 30 g Butter - 1 Bouquet garni - 2 dl Geflügelbouillon (siehe Grundtechniken) - Salz, Pfeffer*

Zum Dekorieren: *Geriffelte Zitronen - fritierte Petersilie*

Vorbereitung des Aals

Den Kopf des Aals mit einem Tuch festhalten. Um ihn zu töten, die Wirbelsäule hinter dem Kopf mit einem Messer durchtrennen. Einen Haken durch die Kiemen ziehen und den Aal sicher aufhängen. Die Haut rings um den Kopf einschneiden und die Haut mit Hilfe des Tuchs abziehen. Den Bart entfernen und durch den Bauch ausnehmen. Sorgfältig waschen, abtrocknen und in 6 cm lange Stücke schneiden.

In einer gebutterten Schwenkkasserolle die Garnituren der Court-bouillon dünsten, die Aalstücke daraufgeben, salzen und pfeffern, den Weißwein und das Bouquet garni hinzugeben. Aufkochen lassen und zugedeckt auf kleiner Flamme 15 Minuten garen. In dem durch ein Spitzsieb abgeseihten Fond abkühlen lassen.

Die Aalstücke abtropfen lassen und abtrocknen. Mit Senf bestreichen, salzen, pfeffern, in der zerlassenen Butter schwenken und in den Semmelbröseln wälzen. Beiseite stellen.

Zubereitung der Montpellier-Butter

Alle Kräuter, die verlesenen und gewaschenen Spinatblätter und die Schalotte in Salzwasser sehr gut blanchieren. Abschrecken. Alle Zutaten abtropfen lassen und kräftig drücken, um alle Kochflüssigkeit zu entfernen.

In einer Küchenmaschine pürieren. Cornichons, Kapern, Anchovisfilets und Knoblauchzehe hinzufügen. Nochmals pürieren, die cremige Butter, das harte Eigelb und das rohe Eigelb hinzufügen.

Das Olivenöl, Salz, Cayennepfeffer und den Zitronensaft unterziehen. Durch ein Feinsieb passieren und zu einer sehr glatten Butter schlagen. Zu großen Klößchen formen. In eine Sauciere geben und an einem temperierten Ort aufbewahren.

Zubereitung der Fenchelknollen

Die Gemüsegarnitur in 30 g Butter andünsten.

Die Fenchelknollen putzen, waschen und fünf Minuten in kochendem Salzwasser blanchieren. Abschrecken, abtropfen lassen und trockenreiben. Vierteln und in eine Kasserolle legen, die man mit den Speckschwarten ausgelegt hat. Die Gemüsegarnitur und das Bouquet garni hinzufügen. Mit dem Geflügelfond aufgießen. Würzen. Aufkochen lassen und bedeckt dreißig Minuten simmern lassen. Von Zeit zu Zeit begießen. Warm stellen.

Zubereitung des Aals

Den Aal vorsichtig grillen und mit der zerlassenen Butter benetzen. Man kann den Aal auch in 20 g Butter in der Pfanne braten.

Präsentation

Die gegrillten Aalstücke auf einem Teller anrichten. Mit fritierter Petersilie und geriffelten Zitronen umlegen.

Getrennt in einer Sauciere die Montpellier-Butter und die geschmorten Fenchelknollen reichen.

Ungeachtet seines abstoßenden Aussehens ist der Aal ein hervorragender fetter Fisch, der zu hellen wie zu dunklen Saucen paßt. Er hat heute einen festen Platz in unserer Küche.

VIENNOISE DE TRUITE

Forelle nach Wiener Art

Für 4 Personen

*8 Forellenfilets (vorzugsweise Bachforellen, soge-
nannte Fario-Forellen); die Filets vom Fischhändler
abnehmen lassen - 150 g gesiebtes Mehl - 3 ganze
Eier und 3 Eigelb - 200 g feines Paniermehl, ge-
siebt - 50 g geklärte Butter - Salz, Pfeffer*
Schalottenbutter: *1 dl trockener Weißwein - 15 g
feingehackte Schalotte - 100 g in feine Würfel geschnittene Butter - 50 g Rindermark, gewürfelt -
Saft von 1/2 Zitrone - 10 g glatte Petersilie, feingehackt - Salz, Pfeffer*
Dekoration: *Zerpflückte glatte Petersilie, gewaschen und fritiert - verzierte Zitronen*

Vorbereitung der Filets

Die Forellenfilets säubern, salzen und pfeffern. In Mehl
wenden.
Die ganzen Eier und die Eigelbe schlagen. Die Filets mit
dieser Zubereitung überziehen, abtropfen lassen und in
Paniermehl einhüllen. Überschüssiges Paniermehl abklop-
fen. Kühl stellen.

Zubereitung der Schalottenbutter

Weißwein und Schalotte in einer mittleren Schwenkkasserolle auf ein Drittel einkochen. Nach und nach die kleinen
Butterwürfel unter kräftigem Schlagen einarbeiten, so daß
man eine homogene Masse erhält. Den Zitronensaft hinzufügen. Salzen und pfeffern.
Warm stellen.

Fertigstellung

Die Forellenfilets in der geklärten Butter 3 bis 4 Minuten an
beiden Seiten Farbe an-
nehmen lassen. Während
des Garens häufig mit
der Butter begießen. Die
Markwürfel pochieren.

Präsentation

Die Forellenfilets auf
einem Teller anrichten,
mit der fritierten Peter-
silie und den verzierten
Zitronen dekorieren. Die
pochierten Markwürfel
und die gehackte Petersi-
lie unter die Schalotten-
butter ziehen. In einer
Sauciere reichen.

TOURTE FEUILLETÉE DE TRUITE À LA CIBOULETTE

Forellen-Blätterteigpastete mit Schnittlauch

Für 4 Personen

*250 g Forellenfilets (möglichst Bachforellen, soge-
nannte Fario-Forellen) - 300 g flüssige Sahne - 2 Eiweiß - 2 × 125 g Blätterteig (siehe Seite 206) - 2 Eigelb - Muskatnuß, Salz, Pfeffer*
Schnittlauchbutter: *Saft von einer Zitrone - 100 g
Butter, in kleine Stückchen geschnitten - 20 g gehackter Schnittlauch - Salz, Pfeffer*

Zubereitung der Pastete

Die Forellenfilets eine Stunde in den Kühlschrank legen. Im
Mixer das Forellenfleisch rasch pürieren und salzen. Die
Eiweiße dazugeben und vermischen. Dieses Fleisch durch
das Feinsieb passieren und in ein Gefäß gießen, das in
einem Behälter mit Eiswasser steht. Jetzt mittels einer
Holzspachtel 100 g Sahne unterziehen. Abschmecken, gegebenenfalls nachsalzen und pfeffern. Zwanzig Minuten
auf Eis ruhen lassen. Diesen Vorgang zweimal wiederholen. Abschmecken. Kühl stellen. Backofen auf 180° C vorheizen.
Den Blätterteig auf einer leicht bemehlten Arbeitsfläche 3
mm dick zu einem Rechteck ausrollen. Auf ein Backblech
legen. Einen Teigausstecher von 8 cm Durchmesser in die
Mitte des Rechtecks stellen, mit der Forellenfarce füllen
und um die Form hochschlagen. Das zweite Teigviereck in
derselben Weise ausrollen. Den Blätterteig um die Farce-
Form mit kaltem Wasser befeuchten. Jetzt die Form wegnehmen und die zweite Teiglage rasch daraufgeben. Rand
gut mit den Fingern festdrücken. Überschüssigen Blätterteig wegschneiden. Zwei Eigelb und 2 cl Wasser schlagen,
die Pastete damit bepinseln und die Oberfläche mit einer
Messerspitze fein riffeln. Fünfundzwanzig
Minuten in den Backofen stellen.

Zubereitung der Schnittlauchbutter

In einer mittleren Kasserolle den Zitronensaft und 3 cl Wasser aufkochen. Nach und
nach die Butterwürfelchen unter kräftigem
Schlagen einarbeiten. Salzen und pfeffern.
Warm stellen.

Präsentation

Die heiße Pastete auf einen runden Silber-
oder Porzellanteller stellen. Den gehackten
Schnittlauch zur geschlagenen Butter geben
und in einer Sauciere reichen.

Gustave Courbet, *Die Forelle.*

SAUMON GRILLÉ, BEURRE AUX CÂPRES

Gegrillter Lachs an Kapernbutter

Für 4 Personen

*500 g frischer Lachs - 150 g Butter - 50 g kleine Ka-
pern - 2 gehackte Schalotten - 10 g glatte Petersilie -
1 Kaffeelöffel Bratenjus - 1 Eßlöffel Fenchelzweiglein - 4 mittlere Kartoffeln - 1 dl Traubenkern- oder
Erdnußöl - Salz, Pfeffer*

Vorbereitung des Lachses

Den Lachs schuppen, ausnehmen und säubern. In Scheiben
von 125 g schneiden. Salzen, pfeffern, mit Öl bestreichen
und mit den Fenchelzweiglein bestreuen.

Zubereitung der Kapernbutter

In einer Schwenkkasserolle 10 g Butter zerlassen und darin
die Schalotten andünsten. Beiseite stellen. Die restliche
Butter mindestens fünfzehn Minuten zu schaumiger Konsistenz mixen. Die gegarten Schalotten, die Kapern, Petersilie, Bratenjus und gegebenenfalls ein wenig Kapernessig
hinzufügen, salzen und pfeffern. Mit einem Kaffeelöffel
die schaumige Butter zu vier Klößchen formen. Kühl stellen. Die restliche Kapernbutter an einem mäßig warmen
Ort aufbewahren.

Zubereitung des Lachses

Die vier Lachsscheiben über einer leicht mit Asche überzo-
genen Glut (es dürfen keinesfalls Flammen vorhanden sein)
auf den heißen Grill legen. Alle zwei Minuten so wenden,
daß die Grillstäbe ein Rautenmuster erzeugen (gesamte Garzeit acht Minuten). Vom Grill nehmen und zwei Minuten in
Aluminiumfolie einschlagen, damit der Lachs durchgart.

Zubereitung der Kartoffeln

Die Kartoffeln schälen. Mit einem sehr scharfen Messer
vorsichtig schöne Spiralen von 2 bis 3 mm Dicke und 2 cm
Breite abschneiden. In kaltem Wasser aufbewahren.

Fertigstellung

Die Kartoffelbänder abtropfen lassen, in einem ersten Fritierbad von 150° C blanchieren und auf Küchenkrepp legen. In Öl von 180° C fertigbacken, bis man eine schöne
goldgelbe Farbe erhält. Abtropfen lassen und salzen.

Präsentation

Die vier Scheiben mit einem Klößchen Kapernbutter auf
einem Teller anrichten. Mit den Kartoffelbändern dekorieren. Die Garflüssigkeit des Lachses mit der restlichen Butter vermischen und in einer Sauciere reichen.

*Für meinen Geschmack ist der beste Lachs derjeni-
ge vom Oberlauf der Loire. Mein Freund Roger in
Sainte-Satur hat mir beigebracht, wie man ihn
fängt. Ein großes Erlebnis!*

Goya,
Stilleben mit Lachs.

SAUMON À L'ÉCOSSAISE

Lachs auf schottische Art

Für 4 Personen

1 frischer Lachs von 2,5 kg (möglichst von der Loire oder vom Allier) - 200 g Karotten - 200 g große weiße Rüben - 200 g grüne Bohnen
Court-bouillon: 2 l trockener Weißwein - 200 g in Scheiben geschnittene Karotten - 150 g feingehackte Zwiebeln - 1 Bouquet garni - grobes Salz, Pfefferkörner
Fischaspik: 1 l Fischfumet (siehe Grundtechniken) - 5 Gelatineblätter - Salz, Pfeffer
Sauce: 2 Eigelb - 1 Eßlöffel scharfer Senf - 3 cl Whisky, flambiert - 1,5 dl Erdnußöl - Salz, Pfeffer

Vorbereiten und Garen des Gemüses

Die Karotten und die weißen Rüben schälen und waschen. In gleichmäßige Stäbchen von 4 × 0,5 cm schneiden. Die Bohnen von den Stielen befreien, waschen und in derselben Weise schneiden. Die Gemüseparüren für eine andere Verwendung aufbewahren.
Die Karotten und die Rüben getrennt in leicht gesalzenem Wasser kochen. Diese beiden Gemüse leicht knackig lassen. Rasch kalt überbrausen und sorgfältig abtropfen lassen.
Die grünen Bohnen in derselben Weise kochen, jedoch in stark gesalzenem Wasser. Dieses Gemüse flach auf Küchenkrepp auslegen. Kühl stellen.

Zubereitung der Court-bouillon und Garen des Lachses

6 Stunden vor der Verwendung
In einer großen Kasserolle Weißwein und 2 l Wasser zum Kochen bringen. Die Gemüsegarnituren, das Bouquet garni, Salz und Pfeffer hinzufügen. Zwanzig Minuten simmern lassen. Abschrecken und durch ein Spitzsieb filtrieren.
In der Zwischenzeit den Lachs durch die Kiemen ausnehmen, die Rücken- und Bauchflossen wegschneiden. Den Lachs säubern und sorgfältig abspülen. Auf einem Tuch trocknen.
Den Lachs auf das Gitter der Saumonière legen. Mit abgekühlter Court-bouillon knapp bedecken. Zum Kochen bringen und ab dem Zeitpunkt des Aufwallens fünfzehn Minuten bedeckt ganz schwach köcheln lassen.
Das Gitter herausnehmen und quer über den Fischtopf legen. Abkühlen lassen. Wenn die Bouillon gut abgekühlt ist, den Lachs wieder hineingeben und fünf bis sechs Stunden an einem kühlen Ort ruhen lassen.

Zubereitung des Fischaspiks

1 l Fischfumet klären (siehe Grundtechniken). Die Gelatineblätter in kaltem Wasser einweichen und unter den noch warmen geklärten Fumet ziehen. Abschmecken. Abkühlen lassen. Einen feinen Aspikfilm auf eine ovale Platte gießen. Kühl stellen. Den restlichen Aspik beiseite stellen.

Zubereitung der Sauce

Die Eigelbe und den Senf kräftig schlagen. Mit dem Öl eine sehr feste Mayonnaise montieren. Salzen, pfeffern. Den flambierten und abgekühlten Whisky darunterziehen. Kühl stellen.

Dekoration und Präsentation

Den Lachs aus dem Sud nehmen. Abtropfen lassen. Die Haut in der Höhe des Schwanzes und des Kopfes einschneiden und diese vorsichtig ablösen, ohne das Fleisch zu verletzen. Die eventuell noch verbliebenen schwarzen und fettigen Stellen abschaben. Den Lachs vorsichtig umdrehen und auf der anderen Seite in derselben Weise verfahren. Den Lachs mit Küchenkrepp abtrocknen und auf eine ovale Servierplatte legen. Lachs wird immer mit dem Kopf nach oben und auf der rechten Seite liegend vorgelegt. Mit einer feinen Schicht Mayonnaise überziehen und die Gemüsestäbchen vom Kopf zum Schwanz jeweils abwechselnd darauf „kleben". Mit dem halbfesten Aspik überglänzen. Kühl stellen.
Zu Tisch bringen und die Whisky-Mayonnaise getrennt dazu in einer Sauciere reichen.

LE PLAT DE POISSONS

Fischplatte

Für 6 Personen

1 Seezunge à 500 g - 2 Knurrhähne à 300 g - 1 Lotte à 500 g - 1 Seebarsch à 700 g - 1 Meeraal à 500 g - 1 dl Öl - 1 Zwiebel - 5 Knoblauchzehen - 1 Eßlöffel Petersilie - 2 Tomaten, enthäutet und entkernt - 1 Fenchelsträußchen - 1 Lorbeerblatt - 4 g Safran - 600 g Kartoffeln - 50 g Butter - 3 dl Fischfumet (siehe Grundtechniken) - Salz, Pfeffer

Zubereitung der Kartoffeln

Die Kartoffeln zehn Minuten in Salzwasser in ihrer Schale kochen. Schälen und in gleichmäßige Scheiben schneiden. Eine große viereckige Porzellanplatte mit Knoblauch ausreiben und die Hälfte der Kartoffeln daraufgeben.

Zubereitung der Fische

Die Fische schuppen, ausnehmen, waschen und in Stücke schneiden. Salzen und pfeffern.
In einer Pfanne das Öl erhitzen. Die Fische nacheinander goldbraun braten. Vor allem das Braten des Aals und der Lotte dauert eine gewisse Zeit. Nach und nach auf Küchenkrepp legen.
Backofen auf 220° C vorheizen.
Die Fische in eine Schwenkkasserolle geben und mit 3 dl Fischfumet oder Wasser begießen; Knoblauch, Zwiebeln, Petersilie, Tomaten, Safran, Lorbeerblatt und Fenchel dazugeben. Drei bis vier Minuten garen.
Die Fische auf den Kartoffeln anrichten, den Sud einige Augenblicke weiterköcheln lassen, abschmecken, durch ein Spitzsieb geben, die Flüssigkeit auf die Platte gießen, mit Kartoffeln bedecken und 50 g Butter darauf verteilen. Im heißen Backofen 10 Minuten garen und gratinieren. In der Kasserolle zu Tisch bringen.

Guiseppe Recco,
Stilleben mit Fischen.

SOLE FRITE À L'ARÊTE

Gebackene Seezunge mit ihren Gräten

Für 4 Personen

4 Seezungen à 200 g - 100 g gesiebtes Mehl - 2 l Fritieröl - Salz, Pfeffer
Nußbutter: *120 g geknetete Butter - 10 g scharfer Senf - 5 cl Nußlikör - 50 g geröstete Haselnüsse - Salz, Pfeffer*
Dekoration: *fritierte glatte Petersilie - verzierte Zitronen*

Zubereitung der Seezungen

Mit einem Messer den Schwanz der Seezungen leicht einschneiden, dann die schwarze Haut auf einer Länge von 1 – 2 cm abschaben und ablösen. Mit Hilfe eines Tuchs abziehen. Die weiße Haut schuppen. Die Seiten der Seezungen mit einer Schere zuschneiden. Die Rücken- und Bauchflossen wegschneiden. Den Kopf schräg abschneiden. Die Filets auf der Seite ohne Haut abheben, jedoch im Bereich des Schwanzes nicht vollständig ablösen. Eine dünne Messerklinge zu beiden Seiten der Mittelrippe unter die Gräte schieben und die Gräte ablösen, ohne die beiden unteren Filets abzulösen. Die Seezungen und die Gräten waschen und abtrocknen, salzen, pfeffern und bemehlen. Die Seezungen wieder zusammensetzen und zwischen zwei Kunststofffolien mit der stumpfen Seite eines großen und schweren Messers flachdrücken. Beiseite stellen.

Zubereitung der Nußbutter

Backofen auf 200° C vorheizen. Die Haselnüsse 7 bis 8 Minuten im Backofen rösten. Nach dem Herausnehmen in ein Tuch einschlagen und kräftig reiben, um die Haut abzulösen. Fein zerstoßen und mit der cremigen Butter vermischen. Salzen, pfeffern, den Senf und den Nußlikör hinzufügen. Mit zwei Löffeln ein Butterklößchen formen und in eine Sauciere legen. Bei Zimmertemperatur aufbewahren. Den Rest in einen Spritzbeutel mit Sterndüse füllen.

Garen der Seezungen und der Gräten

Die Gräten in das heiße Fritierbad tauchen, bis sie Farbe angenommen haben, auf Küchenkrepp abtropfen lassen, salzen und warm stellen. Die Seezungen 5 bis 6 Minuten fritieren und wie mit den Gräten verfahren.

Präsentation

Die vier Seezungen auf einer flachen Platte anrichten. Mit der Sterndüse ein wenig Nußbutter aufspritzen. Mit den Seezungengräten, der gebackenen Petersilie und den verzierten Zitronen schmücken. Dazu die geformte Butter in der Sauciere reichen.

FILETS DE RASCASSES À LA TOMBÉE DE FENOUIL

Seeteufelfilets auf einem Fenchelbett

Für 4 Personen

*2 Seeteufel à 600 g - 4 Fenchelknollen - 2 dl Oliven-
öl - 10 g frische Korianderzweiglein - 10 g Korianderkörner - Saft von einer Zitrone - 1 Kaffeelöffel
Senfkörner - 1 cl Anisbranntwein - 2 Knoblauchzehen - 1 dl Erdnußöl - 5 cl Bratenjus - 10 g Butter -
Salz, Pfeffer*

Zubereitung

Die Seeteufelfilets abnehmen. Salzen, pfeffern und 30 Minuten mit den Korianderkörnern, dem Zitronensaft, dem
Anis und den Senfkörnern ziehen lassen.
Die Knoblauchzehen schälen, mit dem Messer feinhacken,
abtrocknen, unter Rühren im Erdnußöl braten. Abtropfen
lassen und warm stellen.
Die Fenchelknollen 40 Minuten in sehr leicht gesäuertem
Salzwasser garen. Mit einer Messerspitze Garprobe
machen. Abtropfen lassen und in sechs gleichmäßige Scheiben schneiden. In eine Stielkasserolle legen und mit drei bis
vier Löffeln Marinade begießen. Die Fenchelknollen auf
kleinem Feuer etwa zehn Minuten ziehen lassen und einkochen. Die Seeteufelfilets trockenreiben und rasch in der
Butter schwenken.

Präsentation

Die Fenchel auf einer tiefen Platte anrichten. Den Bratenjus in die Fenchelkasserolle geben, kurz aufwallen lassen
und abschmecken.
Die Seezungenfilets auf den gedünsteten Fencheln anrichten und mit der Garflüssigkeit begießen. Mit dem gerösteten Knoblauch und den Korianderzweiglein bestreuen.

DORADE RÔTIE AU THYM ET À L'AIL

Gebackene Goldbrasse mit Thymian und Knoblauch

Für 4 Personen

1 schöne Goldbrasse à 1,2 – 1,5 kg
Sauce: *2 dl Sherryessig - 2 dl Fischfumet (siehe
Grundtechniken) - 6 Knoblauchzehen - 1 Lorbeer-
blatt - 3 Zweiglein Thymian*
Abrundung: *1,5 dl flüssige Sahne - 40 g geknetete
Butter*

Vorbereiten und Garen der Goldbrasse

Backofen auf 200° C vorheizen.
Die Goldbrasse schuppen, von den Flossen befreien, ausnehmen. Die Kiemen herausnehmen, waschen und abtrocknen. Die Goldbrasse innen und außen salzen und pfeffern.
Den Bauch mit Thymian, Lorbeer und Knoblauchzehen
füllen. Ein Drittel des Essigs in einen schweren Topf geben
und auf mittlerer Hitze auf die Hälfte reduzieren. Diesen
Vorgang zweimal wiederholen. Den Fischfumet hinzufügen, die Goldbrasse hineinlegen und fünfzehn Minuten in
den Backofen geben. Bei der Hälfte der Garzeit wenden.
Häufig begießen.
Wenn die Garzeit beendet ist, die Goldbrasse vorsichtig auf
einen Teller legen, die Füllung herausnehmen, mit Aluminiumfolie bedecken und etwa zehn Minuten warm ruhen
lassen.

Zubereitung der Sauce

Inzwischen die Kochflüssigkeit auf die Hälfte einkochen.
Knoblauch, Thymian, Lorbeerblatt und zuletzt die Sahne
hinzufügen und weiter einkochen, bis die Sauce den Rük-
ken eines Löffels überzieht.
Die Sauce durch ein Spitzsieb passieren und gut ausdrücken. Die geknetete Butter
hinzufügen, abschmecken.
Warm stellen.

Präsentation

Die Goldbrasse auf die Mitte
einer Platte geben.
Den Jus auf einen Teller geben
und mit der Sahnesauce vermischen. Mit einer dünnen Saucen-
borte verzieren. Die restliche
Sauce in einer Sauciere reichen.

*Für dieses Gericht eignet sich
auch Schleie oder Karpfen.*

Giorgio De Chirico,
Stilleben.

LOUP AU QUINQUINA

Seewolf mit Chinarinde

Für 4 Personen

1 Seewolf à 1,4 kg - 500 g geputzte und gewaschene Endivien - 3 dl Fischfumet (siehe Grundtechniken) - 2 dl Chinarinde - 25 g Zucker - 1 Zitrone - 10 g Kerbel - 30 g Karotten, feingehackt - 20 g Butter - 1/2 Zwiebel, feingehackt - Salz, Pfeffer

Vorbereitung des Seewolfs

Backofen auf 60° C vorheizen.

Den Fisch schuppen und die Haut aufbewahren. Die Filets abnehmen und den Bauch entfernen; salzen und pfeffern. Kühl stellen.

Die Haut auf ein Gitter legen und im Backofen drei Stunden bei milder Hitze trocknen.

Zubereitung der Endivien

Backofen auf 100° C heizen.

In einem kleinen Schmortopf die Zwiebel und die Karotten in der Butter andünsten. Die Endivien hinzufügen. Salzen und leicht pfeffern. Die Chinarinde, 5 g Zucker und 15 cl Fischfumet hinzufügen, mit gebuttertem Butterbrotpapier bedecken, den Topf schließen und fünfundvierzig Minuten in den Backofen stellen.

Zubereitung der Zitronenschalen

In einer kleinen Kasserolle mit den restlichen 20 g Zucker und 1 dl Wasser die Zitronenschalen etwa fünfzehn Minuten glacieren.

Fertigstellung

Die Seewolffilets in eine feuerfeste Form legen und mit dem restlichen Fumet begießen. Bei Oberhitze bei leicht geöffneter Tür an jeder Seite drei bis vier Minuten unter häufigem Begießen garen.

Die Endivien abtropfen lassen und warm stellen. Die Kochflüssigkeit reduzieren und gegebenenfalls nachwürzen.

Präsentation

Die Endivien auf dem Teller anrichten und die Spitzen umschlagen. Die Seewolffilets daraufgeben und mit dem eingekochten Jus begießen. Mit der getrockneten Haut und einigen Körnern grobem Salz zudecken, mit den Zitronenschalen und dem Kerbel bestreuen.

Die restliche Sauce getrennt in einer Sauciere reichen.

Pablo Picasso,
Fische und Flaschen.

PAGEOT „BEL ŒIL" AU RIZ SOUFFLÉ, À LA SAUCE SAFRAN

Rotbrassen „Bel œil" in Reispanade mit Safransauce

Für 4 Personen

2 Rotbrassen à 800 g - 2 l Fritieröl
Panade: *100 g gesiebtes Mehl - 3 Eier plus 3 Eigelb - 100 g Basmatireis - 1 Prise Stärkemehl - Salz, Pfeffer*
Sauce: *2,5 dl Fischfumet (siehe Grundtechniken) - 3 g frischer Ingwer, feingehackt - 5 cl Kokosmilch - 2 dl flüssige Sahne - 2 g Safran (Stempel) - Salz, Pfeffer*
Dekoration: *Gewaschene, getrocknete und fritierte glatte Petersilie.*

Zubereitung der Rotbrassen

Rücken- und Bauchflossen wegschneiden, die Fische schuppen und durch die Kiemen ausnehmen. Abspülen, abtrocknen und die Filets abnehmen. Halbieren.

Zubereitung der Panade

Den Reis zwanzig Minuten in kochendem Salzwasser garen. Überbrausen, abtropfen lassen und trocknen. An einem mäßig warmen Ort aufbewahren. Inzwischen die Eier und die Eigelbe schlagen. Die Rotbarbenfilets salzen und pfeffern. Bemehlen, in die geschlagenen Eier eintauchen, abtropfen lassen und mit einer dicken Lage gegarter Reiskörner überziehen. Den Reis gut andrücken und leicht mit Stärkemehl überpudern, damit er haftet. Kühl stellen.

Zubereitung der Sauce

In einer mittleren Schwenkkasserolle den Fischfumet mit dem Ingwer reduzieren. Die Kokosmilch hinzufügen. Wenn die Flüssigkeit sirupartig geworden ist, die Sahne und den Safran unterziehen. Leise köcheln lassen, bis man eine sämige Sauce erhält. Durchpassieren, salzen, pfeffern und warm stellen.

Fertigstellung und Präsentation

Die in Reis panierten Rotbrassenfilets in sehr heißem Öl 2 bis 3 Minuten fritieren. Die Reiskörner müssen aufpuffen und knusprig und golden sein. Auf Küchenkrepp abtropfen lassen.
Auf vorgewärmten Tellern je zwei Filets, einen Rücken und einen Bauch anordnen. Einen Löffel Safransauce darübergeben. Mit einigen Blättern fritierter Petersilie bestreuen. Die restliche Sauce getrennt in einer Sauciere reichen.

BRANDADE DE MORUE
AUX ROUELLES D'OIGNONS FRITS

Stockfischpaste
an gebackenen Zwiebelscheiben

Für 4 Personen

500 g Stockfisch - 30 g Knoblauch - 2 dl Olivenöl - 2 dl flüssige Sahne - 1/2 l Milch - 1 Zwiebel, mit 2 Gewürznelken besteckt - 1 kleines Bouquet garni - 5 mittlere weiße Zwiebeln in Scheiben von 3 mm Dicke - Beignet-Teig oder Ausbackteig (siehe Seite 76) - 3 dl Fritieröl - Salz, Pfeffer

Dekoration: *20 g feingehackte Petersilie - 12 dreieckig geschnittene Croûtons, mit Knoblauch eingerieben und in 30 g geklärter Butter goldbraun gebacken*

Zubereitung der Stockfischpaste

Am Vortag: Den Stockfisch je nach Salzgehalt 12 bis 24 Stunden in frischem Wasser wässern. Das Wasser drei- bis viermal wechseln oder das Wasser ständig in dünnem Strahl laufen lassen.

Am nächsten Tag: Den Stockfisch zehn Minuten mit der besteckten Zwiebel und dem Bouquet garni in der köchelnden Milch pochieren. Nach dem Garen abtropfen lassen, mit den Fingern zerpflücken und die Gräten und die Haut entfernen.

Während dieser kurzen Garzeit den Knoblauch blanchieren, abschrecken und sehr fein hacken.

Die Sahne in einer kleinen Kasserolle auf ein Drittel einkochen und den Knoblauch in dieser Sahne ziehen lassen. Das Olivenöl in einer kleinen Kasserolle erwärmen.

Den warmen zerpflückten Stockfisch in eine Küchenmaschine geben und bei langsamer Geschwindigkeit pürieren. Nach und nach die durchpassierte Knoblauchcreme, dann das warme Olivenöl dazugeben. Geschmack prüfen, gegebenenfalls salzen und pfeffern. Im Wasserbad warm halten, mit einigen Tropfen Olivenöl befeuchten, damit die Masse nicht trocken wird, und die Paste mit einer Folie abdecken. Der so zubereitete Stockfisch muß die Konsistenz von Kartoffelpüree haben.

Fertigstellung und Präsentation

Die Zwiebelscheiben bemehlen und leicht in den Ausbackteig einschlagen; im heißen Öl backen. Auf Küchenkrepp abtropfen lassen, salzen und auf einem mit einer Serviette bedeckten Teller anrichten.

Die Stockfischpaste kuppelförmig auf einem Teller anrichten. Mit den Croûtons umlegen, deren Spitzen man in gehackte Petersilie getaucht hat.

Lucas van Valkenborch,
Der Winter.

96

DOS DE BROCHET PIQUÉ AU LARD, À LA SAUCE DU VIN JAUNE

Gespickter Hechtrücken an einer Weißweinsauce

Für 4 Personen

1 Hecht à 1,5 kg, ausgenommen und geschuppt - 30 g Speck, in 1/2 cm dicke und 4 cm lange Streifen geschnitten - 2 dl Vin jaune aus dem Jura - 2 gehackte Schalotten - 50 g Butter - 3 dl Fischfumet (siehe Grundtechniken) - 1 Tomate, geschält, entkernt und zerdrückt - 12 Weinbeeren, geschält und entkernt - 1 dl flüssige Sahne - Salz, Pfeffer

Vorbereitung des Hechts

Den Hecht vom Rücken her aufschneiden, die Filets abnehmen, die Gräten und die Bauchteile entfernen. Den so vorbereiteten Hechtrücken in vier gleichmäßige Stücke schneiden.

Mit Hilfe einer Spicknadel den Speck durch den Rücken ziehen. Salzen, pfeffern, mit einer Messerspitze Schalotte und 1 dl Fischfumet in einer feuerfesten Form aufbewahren.

Zubereitung der Sauce

In einer Schwenkkasserolle 30 g Butter zerlassen und die Schalotte andünsten; die zerdrückte Tomate, die Hälfte des Weißweins und des Fischfumets hinzufügen. Zum Kochen bringen. Auf ein Drittel reduzieren. Mit dem Rest der beiden Flüssigkeiten aufgießen, erneut reduzieren und die Sahne unterziehen. Salzen und pfeffern. Fünf bis sechs Minuten köcheln lassen, bis man eine sämige Sauce erhält.

Zubereitung des Hechts

Kurz vor dem Servieren die Hechtrücken bei halb geöffneter Backofentür unter die Oberhitze stellen. Nach drei bis vier Minuten den Fisch wenden. Während des Garens häufig mit dem fetten Jus begießen. Gegebenenfalls mit Aluminiumfolie bedecken.

Wenn der Hecht auf Fingerdruck leicht nachgibt, aus dem Backofen ziehen und auf der Klappe drei bis vier Minuten in einem Aluminiumwickel ruhen lassen.

Fertigstellung und Präsentation

Die Sauce mit der Kochflüssigkeit verlängern, den Boden einer Platte damit überziehen, die Hechtrücken darauflegen, mit den halbierten Weinbeeren bestreuen. Die restliche Sauce getrennt in einer Sauciere reichen.

Man kann die Filets ganz lassen, was eine gefälligere Präsentation erlaubt, jedoch verlängert sich dadurch die Garzeit.

BAR AUX ÉPICES

Seebarsch an einer Gewürzsauce

Für 4 Personen

1 Seebarsch à 2 kg - 50 g Akazienhonig - 5 g zerstoßene Gewürznelken - 5 g zerstoßener Zimt - 1 g gemahlener Wacholder - 6 cl Bratenjus - 40 g Butter - 1 dl Fischfumet (siehe Grundtechniken) - 20 g feingehackte Schalotte - 200 g Stangensellerie - 3/4 l Fritieröl - Salz, Pfeffer

Vorbereitung des Seebarsches

Die Flossen mit einer Schere abschneiden. Den Fisch sorgfältig schuppen. Ausnehmen, die Kiemen und die Kiemenbögen entfernen. Säubern, waschen, trockenreiben und die Filets abnehmen. Den Fisch beschneiden und die abgeschnittenen Stücke anderweitig verwenden.

Die Filets halbieren. Die Haut mit einer Messerspitze rautenförmig einschneiden. Salzen und pfeffern.

Den Boden eines feuerfesten Geschirrs mit 20 g Butter bestreichen, mit der Schalotte bestreuen und die vier Barschstücke mit der Hautseite nach unten einlegen. Den Fischfumet dazugießen und beiseite stellen.

Backofen auf 200° C vorheizen.

Zubereitung der Gewürzpaste

Gewürznelke, Zimt und Wacholder mit dem Honig vermischen. Salzen und pfeffern. 3 cl Bratenjus hinzufügen. Beiseite stellen.

Zubereitung der Garnitur

Die Selleriestangen mit einem Sparschäler schälen. Waschen und zu einer feinen Julienne schneiden und in heißem Öl backen. Die Julienne auf Küchenkrepp abtropfen lassen. Salzen und warm stellen.

Zubereitung des Seebarschs

Den Seebarsch drei Minuten in den Backofen stellen. Aus dem Backofen nehmen. Mit einer Lage Gewürzpaste überziehen und drei Minuten unter den Grill stellen. Man erhält eine schön gebräunte Kruste.

Präsentation

Den restlichen Jus erhitzen, eine braune Butter herstellen und zum Jus geben. An einer Seite die Sellerie-Julienne anordnen und vorne auf den Teller einen Eßlöffel Bratenjus geben.

Jurij Wasnezow,
Komposition mit Fischen.

BAR AU CAVIAR

Seebarsch mit Kaviar

Für 4 Personen

1 Seebarsch à 2 kg - 50 cl Fischfumet (siehe Grundtechniken) - 20 g Butter - 20 g feingehackte Schalotte - 80 g Preßkaviar - 1 cl Erdnußöl - Salz, Pfeffer
Sardinenbutter: 100 g sämige Butter - 100 g Ölsardinen - Saft von 1/2 Zitrone - Salz, Pfeffer
Dekoration: 2 Gurken - 15 g Paprika - Salz

Vorbereitung des Seebarsches

Die Flossen mit einer Schere wegschneiden. Sorgfältig schuppen. Den Seebarsch ausnehmen, die Kiemen und die Kiemenbögen entfernen. Waschen, abspülen, abtrocknen und die Filets abnehmen. Die abgeschnittenen Stücke für einen anderen Zweck verwenden. Die Filets halbieren.
Den Boden eines feuerfesten Geschirrs ausbuttern, mit der Schalotte bestreuen und die vier gewürzten Barschstücke mit der Hautseite nach oben hineinlegen. Mit dem Fischfumet begießen und beiseite stellen.
Backofen auf 200° C vorheizen.

Zubereitung der Sardinenbutter

Die Sardinen mit dem Zitronensaft pürieren, salzen und pfeffern. Sorgfältig mit der gekneteten Butter vermischen. Die Masse in einen Spritzbeutel mit Sterndüse füllen. An einem mäßig warmen Ort aufbewahren.

Zubereitung des Kaviars

Mit einem Teigroller den Preßkaviar zwischen zwei Lagen geöltem Pergamentpapier ausrollen. Auf eine Platte legen und gefrieren. Wenn die Kaviarplatte angezogen hat, herausnehmen und sofort in vier gleichmäßige Rechtecke schneiden. Im Eisschrank aufbewahren.

Zubereitung der Dekoration

Die Gurken waschen. Mit einem Sparschäler zwölf Streifen der Schale und zwölf Streifen vom Fleisch schneiden.
In einer Kasserolle 1/2 l Wasser zum Kochen bringen, salzen und den Paprika dazugeben. In der Zeit bis zum Aufkochen die hellgrünen Streifen rasch garen. Abschrecken. Die dunkelgrünen Streifen etwa vier Minuten länger garen. Ebenfalls abschrecken.
Auf jedem Teller abwechselnd drei Streifen jeder Farbe anrichten und zu einem Chinesenhut formen.
Die Teller an einem warmen Ort aufbewahren.

Garen des Seebarsches

Den Seebarsch vier Minuten in den Backofen stellen. Herausnehmen und mit Aluminiumfolie bedecken. Vier Minuten ruhen lassen und ein- bis zweimal mit der Kochflüssigkeit begießen.
Die schwarze Haut von den Seebarschstücken entfernen.

Präsentation

Neben den Gurken eine Seebarschportion anrichten. Auf jedem Filet ein Rechteck Preßkaviar anrichten. Jeden Teller zehn Sekunden unter den Grill stellen und mit dem Spritzbeutel zwei dünne Bänder Sardinenbutter darüberziehen. Die restliche Butter getrennt in einer Sauciere servieren.

Fleisch

Georges Croegaert, *Fasan zum Diner.*

POULE FAISANE BRAISÉE
AU CHOU ROUGE

Fasan mit Rotkohl

Für 4 Personen

*2 Fasanhennen, 4 Tage in den Federn an einem küh-
len Ort abhängen - 5 cl Erdnußöl - 30 g cremige Butter - 2 Speckscheiben - 1 dl Geflügelbouillon (siehe
Grundtechniken) - 1 dl Bratenjus - Salz, Pfeffer*
Für den Rotkohl: *1 Rotkohl - 30 g Schweineschmalz - 1 dl Weinessig - 2,5 dl Rotwein - 2 kleine
weiße Zwiebeln, jeweils mit zwei Gewürznelken besteckt - 150 g geräucherte Schweinebrust, gewürfelt,
blanchiert und gebraten - 1 Bouquet garni - magere
Speckschwarten - 2 fruchtige Äpfel, geschält und in
kleine Würfel geschnitten*

Zubereitung des Rotkohls

Die zwei oder drei äußersten Blätter entfernen. Die Blätter
ablösen und die Mittelrippe entfernen. Sorgfältig waschen,
blanchieren, abschrecken, abtropfen lassen und in feine
Streifen schneiden. Im Schmalz dünsten, ohne Farbe annehmen zu lassen. Sofort mit dem Weinessig ablöschen und
reduzieren. Den Kohl in einem mit Speckschwarten ausge-
kleideten Topf auslegen. Die gespickten Zwiebeln, die
Speckwürfel, die Apfelwürfel und das Bouquet garni hinzufügen. Salzen, pfeffern, mit dem Rotwein aufgießen.
Zugedeckt zwei Stunden auf sehr kleiner Flamme garen; in
regelmäßigen Abständen rühren.

Zubereitung der Fasanhennen

Die Fasane rupfen, absengen und ausnehmen.
Die Sehnen aus den Keulen ziehen (siehe Seite 108).
Die Fasane innen und außen würzen und bridieren. Mit der
gekneteten Butter einreiben. Backofen auf 200° C vorheizen.
Das Öl in einem Topf erhitzen und die Fasane vier bis fünf
Minuten anbraten.
Den Bindfaden durchschneiden. Die Fasanenbrüste mit
einer Speckscheibe belegen und wiederum bridieren.
Das Geflügel in einen Schmortopf geben. Die Geflügelbouillon und den Bratenjus hinzufügen, zum Kochen bringen und zwanzig Minuten in den vorgeheizten Backofen
stellen. Häufig begießen.
Wenn der Kohl zwei Stunden gegart ist, die beiden Fasane
daraufgeben. Die Bratflüssigkeit der Fasane hinzufügen
und zugedeckt auf schwacher Hitze dreißig Minuten
schmoren.

Präsentation

Den Bindfaden lösen, die Fasane wieder auf den geschmorten Kohl legen und im Topf zu Tisch bringen.

POULET MARENGO

Huhn Marengo

Für 4 Personen

*1 Landhuhn à 2 kg - 8 Tomaten, enthäutet, entkernt
und zerdrückt - 2 dl Geflügelfond (siehe Grundtechniken) - 1 dl trockener Weißwein - 1 Bouquet garni -
8 Perlzwiebeln - 2 Schalotten, gehackt - 8 Krebse -
10 g gehackte Petersilie - 30 g gesalzener, nicht geräucherter Speck, in Stückchen geschnitten - 1 dl
Erdnußöl - 25 g Butter - 4 Perlhuhneier (wegen ihrer
mittleren Größe) - 1/2 l Öl - 1 Prise Zucker - Salz,
Pfeffer*

Zubereitung

Das Huhn in zwölf Stücke schneiden, salzen und pfeffern.
Das Öl in eine Pfanne gießen und die Geflügelstücke gut
anbräunen; abtropfen lassen und trockenreiben. Die
Speckstückchen blanchieren, abtropfen lassen, abkühlen
und auf einem Tuch trocknen. Die Schalotten mit 10 g Butter in einer Schwenkkasserolle andünsten. Tomaten, Bouquet garni und Speckwürfel hinzufügen, mit dem Weißwein und dem Geflügelfond begießen. Aufkochen.
Zugedeckt 35 bis 45 Minuten köcheln lassen. Zucker, 15 g
Butter und die Perlzwiebeln in eine zur Hälfte mit Wasser
gefüllte Kasserolle geben. Salzen und pfeffern. Auf schwacher Hitze 15 bis 20 Minuten zugedeckt garen.
Den am mittleren Teil der Krebse anhaftenden Darm entfernen, die Krebse zwei Minuten in kochendes Salzwasser
tauchen. Abtropfen lassen. Warm stellen.
Wenn das Geflügel gar ist, die Stücke herausnehmen, die
Sauce durch ein Spitzsieb passieren und alle Zutaten gut
ausdrücken. Abschmecken. Gegebenenfalls reduzieren.

Präsentation

Die Geflügelstücke auf einer ovalen Platte anrichten, mit
Zwiebeln bestreuen und mit der Sauce überziehen.

Die Platte mit den
gebundenen Kreb-
sen und der ge-
hackten Petersilie
dekorieren. Mit
gebackenen Eiern
garnieren (siehe
Seite 56).

Eugène Delacroix,
Stilleben, genannt
*das Stilleben mit
dem Hummer.*

104

VOLAILLE MARINÉE SUR LIT D'OSEILLE ET NAVETS

Mariniertes Geflügel auf einem Sauerampferbett mit Rüben

Für 4 Personen

1 Landgeflügel à 1,6 kg - 8 Bürzel (beim Geflügelhändler bestellen)

Marinade: *1 dl Olivenöl - 10 Estragonblätter - 1 Thymianzweiglein - 2 Lorbeerblätter - 5 Gewürznelken - 2 Knoblauchzehen, zerdrückt - Saft von einer Zitrone - 2 g weißer Pfeffer, zerstoßen*

Garnitur: *2 schöne weiße Rüben - 12 schöne Sauerampferblätter, feingehackt - 2 Eigelb - 1 Kaffeelöffel scharfer Senf - 3 cl Erdnußöl - 5 cl Olivenöl - 1 Kaffeelöffel geriebener Meerrettich - 2 cl Sherryessig - Salz, Pfeffer*

Zubereitung des Geflügels

Die Sehnen von den Keulen entfernen (siehe Seite 108).

Die Haut abziehen und die Keulen von den Unterschenkeln trennen (die beiden Unterschenkel für eine andere Verwendung aufbewahren).

Die beiden Keulen ausbeinen. Mit einem Klopfer oder der flachen Seite eines großen Messers flachdrücken und in acht gleiche Stücke schneiden.

Die beiden Geflügelbrüste entbeinen. Die Haut abziehen, vom Fett befreien und in sechs Stücke schneiden. Auf einem Blech die acht Bürzel, die Keulenstücke und die Brüste auslegen. Salzen, pfeffern. Kühl stellen.

Zubereitung der Marinade

In einem dicht schließenden Einmachglas das Olivenöl mit den Zutaten und den Gewürzgarnituren vermischen. Vor der Verwendung mindestens eine Stunde ziehen lassen.

Zubereitung der Garnituren

Die weißen Rüben putzen, in 2 mm dicke Scheiben schneiden, zu einer gleichmäßigen, nicht zu kleinen Julienne schneiden.

Eine Minute in leicht gesalzenem kochendem Wasser blanchieren. Rasch überbrausen, abtropfen lassen und trockenreiben.

Mit den Eigelb und dem Senf eine feste Mayonnaise schlagen; das Erdnußöl und das Olivenöl nach und nach hinzufügen. Salzen und pfeffern, den Meerrettich dazugeben und mit dem Sherryessig abrunden.

Garen der Geflügelstücke

Die zuvor gesalzenen und gepfefferten Stücke zwanzig Minuten bei Zimmertemperatur unter Folie marinieren.

Die Stücke abtropfen lassen und an beiden Seiten zwei Minuten in Olivenöl kräftig anbräunen.

Inzwischen die Marinade erwärmen. Die Geflügelstücke beiseite stellen. Warm stellen und die Pfanne mit ein wenig Wasser deglacieren. Alles Fleisch vom Boden loskratzen

und diesen stark konzentrierten Jus zur warmen Marinade geben.

Fertigstellung und Präsentation

In zwei Salatschüsseln die Rübenjulienne und den feingehackten Sauerampfer getrennt mit der Meerrettichmayonnaise vorsichtig und mit nicht zu viel Mayonnaise vermischen. Salzen und pfeffern.

Auf den vorgewärmten Tellern sechs kleine Sauerampfersträußchen am Umfang und ein größeres Häufchen Rübenjulienne in der Mitte verteilen. Die Geflügelstücke sorgfältig auf den Sauerampfer breiten, und zwar abwechselnd Keulen, Brustfleisch und Bürzel.

Vorsichtig mit der warmen Marinade überziehen. Den Rest getrennt in einer Sauciere reichen.

Pieter Aertsen, *Die Köchin.*

PIGEONS EN CRAPAUDINE

Am Rost gebratene Tauben

Für 4 Personen

4 junge Tauben à 450 g
Marinade: *20 g scharfer Senf - 5 g Thymianblüten -
1 dl Olivenöl - Salz, Pfeffer*
Sauce: *Zerstoßene Karkassen, Herzen, Lebern,
Lungen von vier Tauben - 3 cl Erdnußöl - 3 feingehackte Schalotten - 1 zerdrückte Knoblauchzehe -
1 dl Bratenjus - 2 dl Geflügelfond (siehe Grundtechniken) - 1 Schuß Zitronensaft - 3 dl flüssige Sahne -
2 cl geschlagene Sahne - Salz, Pfeffer*
Garnitur: *200 g Pfifferlinge, geputzt, gewaschen
und geschnitten - 20 g gehackte Schalotte - 5 g glatte
Petersilie, gehackt - 2 cl Erdnußöl - Salz, Pfeffer*

Zubereitung und Marinieren der Tauben

Die Tauben absengen, ausnehmen und das Gabelbein entfernen. Die Innereien beiseite stellen. Die Tauben am Rük-
ken aufschneiden und entbeinen. Das gesamte Gerippe entfernen, ohne die Haut zu zerreißen oder einzuschneiden.
Nur den mit den Füßen verbundenen Oberschenkelkno-
chen aufbewahren; die Füße auf halber Höhe abschneiden.
Auseinanderlegen und mit einem großen flachen Messer
plattieren. Salzen, pfeffern. Das Fleisch mit scharfem Senf
bepinseln, den man mit den Thymianblüten vermischt hat.
Die Tauben auf ein Backblech legen und mit Olivenöl besprengen. Mit Folie bedecken. Zwei Stunden kühl stellen.

Zubereitung der Sauce

Das zerstoßene Gerippe in Erdnußöl braten. Wenn es eine
schöne Farbe angenommen hat, die Schalotten und den
Knoblauch hinzufügen. Umrühren und eine bis zwei Minuten dünsten. Mit dem Geflügelfond und dem Bratenjus aufgießen. Zum Kochen bringen, die pürierten Innereien und
die flüssige Sahne hinzufügen. 15 Minuten auf kleiner
Flamme garen. Durch ein Spitzsieb geben. Salzen, pfeffern und den
Schuß Zitronensaft hinzufügen.
Warm stellen.

Zubereitung der Pilze

Die Pfifferlinge in sehr heißem Öl
schwenken. Salzen, pfeffern. Nach
zwei Dritteln der Garzeit die Schalotte beigeben; Hitze reduzieren.
Weitere zehn Minuten auf dem
Feuer lassen. Warm stellen.

Garen der Tauben

Den Holzkohlengrill anzünden.
Wenn man eine schöne rote Glut
hat, die sorgfältig abgetropften
Tauben darauflegen. Beidseitig ein
Gittermuster braten. Für jede Seite
3 bis 4 Minuten rechnen.
Die Tauben vom Grill nehmen und 3
bis 4 Minuten fest verschlossen in
Alufolie ruhen lassen.

Präsentation

Die Sauce mit der Schlagsahne luftiger machen.
Auf sehr gut vorgewärmten Tellern
fünf kleine, mit Petersilie bestreute
Pfifferlinghäufchen anordnen. In
die Mitte eine Taube legen, mit
einem kleinen Löffel Sauce überziehen. Die Petersilie daraufstreuen.

DINDE RÔTIE AUX COINGS

Gebratener Truthahn mit Quitten

Für 4 Personen

1 junger Truthahn - 1 kg Quitten - 6 halbierte Gewürznelken - 4 kleine schwarze Blutwürste, mit einer feinen Nadel eingestochen - 60 g Zucker - 200 g Butter - 5 cl Öl - 1 Prise Zimt - 1 Bund Kresse - Salz, Pfeffer

Vorbereitung des Truthahns

Das Geflügel auf den Bauch legen und die Füße strecken. Mit einem spitzen Messer längs des Knochens von dem Teil hinter dem Sporn bis zum Gelenk schneiden. Die Sehnen aus den Keulen ziehen, dazu einen Wetzstahl hinter jeder Sehne (insgesamt sieben Stück) einsetzen. Drehen und ziehen und die Keule als Widerlager benutzen. Wenn diese schwierige Arbeit getan ist, die Füße auf halber Höhe so abschneiden, daß sich das Fleisch beim Garen nicht in Höhe der Keule zurückzieht. Das Gabelbein entfernen und den Truthahn ausnehmen und absengen. Von innen salzen und pfeffern. Die halben Gewürznelken fünfmal blanchieren und abtropfen. Zwei Quitten beiseite stellen, die übrigen schälen, vierteln und mit einer halben Gewürznelke bestecken. Zehn Minuten in 50 g Butter andünsten und den Zimt hinzufügen. Den Truthahn mit den Quitten füllen und bridieren.

Garen des Truthahns

Backofen auf 200° C vorheizen. Die Truthahnbrust mit 40 g Butter und einigen Körnern grobem Salz einmassieren. Den Truthahn in einer heißen Pfanne mit 5 cl Öl von allen Seiten anbräunen. In eine feuerfeste Form legen, 60 g Butter und 1/4 l Wasser hinzufügen. Auf starkem Feuer zum Kochen bringen. Etwa neunzig Minuten in den heißen Backofen stellen und begießen. Auf Aluminiumfolie an einem warmen Ort ruhen lassen.

Garen der Quitten

Die beiden Quitten waschen, in der Mitte durchschneiden und mit dem Zinken einer Gabel den mittleren Teil (Kerne) weich machen, umdrehen und auf der Schalenseite ebenso verfahren. Mit einer halben Gewürznelke bestecken, vierzig Minuten in einer Kasserolle mit leise köchelndem Wasser garen. Abtropfen lassen und abtrocknen. Die halben Quitten, mit der restlichen Butter und dem Zucker überzogen, in eine tiefe Form legen und 15 bis 20 Minuten im 240° C heißen Backofen unter häufigem Begießen braten.

Präsentation

Die Blutwürste gegen Ende der Garzeit des Geflügels braten. Den Truthahn auf einer Platte anrichten, mit den gebackenen Quitten, den gebratenen Blutwurststücken und einem Häufchen Kresseblätter umgeben.

Claude Monet,
Die Truthähne.

BLANCS DE DINDE FARCIS
AU BEURRE D'ESTRAGON

Gefüllte Truthahnbrüste
an Estragonbutter

Für 4 Personen

*2 mittlere Truthahnbrüste - 1 Sträußlein gewasche-
ne und trockengeschleuderte Kresseblätter - 2 l Fritieröl*
Estragonbutter: *200 g geknetete Butter - Saft von
1/2 Zitrone - 20 g gehackte Estragonblätter - 20 g
gehackte glatte Petersilie - 10 g gehackte Schalotte,
blanchiert - Salz, Pfeffer*
Panade: *100 g gesiebtes Mehl - 2 Eier und 3 Eigelb,
vermischt - 200 g feines Paniermehl - Salz, Pfeffer*
Sauce: *1 dl Geflügelbouillon - 50 g Estragonbutter
(siehe Grundtechniken) - 1 dl flüssige Sahne - 40 g
Sahne, sehr steif geschlagen - Salz, Pfeffer*

Zubereitung der Estragonbutter

Zitronensaft, Kräuter und Schalotte mit der gekneteten
Butter vermischen. Salzen und pfeffern. Diese Butter in
Aluminiumfolie zu einer Rolle von 3 cm Durchmesser rol-
len. Kühl stellen.

Zubereitung der Truthahnbrüste

Die Truthahnbrüste quer halbieren. Die Filets mit der flachen Klinge eines großen Messers klopfen und von der Mitte nach außen gehend eine Tasche schneiden. Das Fleisch
jedoch nicht ganz auseinanderschneiden. Das Innere einer
jeden Tasche würzen und über die ganze Höhe in die Mitte
eine halbe Rolle Estragonbutter legen. Die Filets aufrollen
und leicht bemehlen. Mit geschlagenen Eiern bestreichen
und in dem Paniermehl wälzen.
Eine Stunde kühl stellen. Ein zweites Mal panieren. Nochmals eine Stunde kühl stellen. Backofen auf 220° C vorheizen.

Zubereitung der Sauce

In einer Schwenkkasserolle das Geflügelconsommé aufkochen und die flüssige Sahne hinzufügen. Zu einer sämigen
Konsistenz einkochen und die restliche Estragonbutter dazuschlagen. Salzen und pfeffern. Warm stellen.

Garen der Truthahnbrüste

Die Truthahnfilets vier Minuten in heißem Öl braten.
Auf einen Teller legen und im Backofen einige Minuten fertiggaren.

Präsentation

Die Sauce mit der steif geschlagenen (nicht gezuckerten)
Sahne luftiger machen. Die gebratenen Geflügelstücke auf
vier Teller geben. Mit einem Kressesträußlein dekorieren.
Die restliche Sauce in einer Sauciere dazu reichen.

110

CANARD AUX PIEDS DE PORC BRAISÉ EN COCOTTE

Ente mit Schweinsfüßen im Schmortopf

Für 4 Personen

*1 Wildente à 1,7 kg - 3 Schweinsfüße - 30 g feinge-
hackte Karotten - 1 halbierte Zwiebel - 1 Gewürznelke - 30 g Staudensellerie,* en brunoise *geschnitten - 2 Bouquets garni - 1 Tomate, geputzt, entkernt
und zerdrückt - 2 dl Geflügelfond (siehe Grundtechniken) - 1 dl Bratensaft - 1 Speckscheibe - 1 Zitrone -
1 großes Netz - 10 g Mehl - 50 g Butter - 5 cl Öl -
1 Sträußlein Kresseblätter - Salz, Pfeffer*

Zubereitung und Garen der Schweinsfüße

Die Schweinsfüße spalten und mit der Zitrone einreiben.
Blanchieren und abschrecken. Mit 3 l leicht gesalzenem
Wasser, 1 Bouquet garni, der mit Gewürznelken besteckten
Zwiebel und 10 g Mehl, in 3 cl Wasser aufgelöst, einen weißen Roux herstellen. Bis zum Aufkochen rühren. Die
Schweinsfüße hineingeben und 45 Minuten bei schwacher
Hitze garen. Abtropfen lassen. Backofen auf 150° C vorheizen. Die Tomate einige Minuten in 30 g Butter eintauchen. Eine Schwenkkasserolle mit den Speckscheiben auslegen, die Karotten, die halbe Zwiebel, den Staudensellerie,
das zweite Bouquet garni und die Tomate hineingeben. Die
Schweinsfüße auf das Gemüse legen, mit dem Geflügelfond
und dem Bratenjus begießen. Salzen und leicht pfeffern.
Die Speckscheiben darüberschlagen, zum Kochen bringen
und eine gute Stunde auf das Feuer stellen. Die Schweinsfüße herausnehmen. Die Kochflüssigkeit durch eine Etamine
seihen. Die Zutaten gut ausdrücken und um ein Drittel reduzieren. Die warmen Schweinsfüße entbeinen. Das Fleisch
grob hacken und mit der Hälfte der reduzierten Kochflüssigkeit aufgießen. Abschmecken. Aus dem Netz vier Quadrate von 8 cm Seitenlänge ausschneiden. Einen Eßlöffel
Haschee daraufgeben, das Netz schließen, kühl stellen.

Zubereitung und Garen der Ente

Die Ente auf den Bauch legen, die Sehnen aus den Füßen
ziehen (siehe Seite 108). Ausnehmen, absengen, das Gabelbein entfernen. Die Ente innen und außen salzen und pfeffern, mit dem restlichen Haschee füllen und bridieren. In
einer heißen Pfanne mit 5 cl Öl goldbraun braten. Im Backofen auf einer Platte mit 1/4 l Wasser und 20 g Butter
50 Minuten unter häufigem Begießen braten. Die Ente in
ihrem Saft ruhen lassen. Backofen auf 220° C stellen.

Fertigstellung und Präsentation

Die Füllung der Schweinsfüße mit dem Rest der Kochflüssigkeit in eine kleine Schwenkkasserolle geben. 15 Minuten unter häufigem Begießen im Backofen garen. Die Ente auf einer
ovalen Platte anrichten, mit den gefüllten Netzen und den
Kressesträußchen umlegen. Mit dem Bratensaft begießen.

François Desportes, *Stilleben,
Wild, Obst und Viola da gamba.*

CANARD À LA JULIENNE DE LÉGUME ET AU PORTO

Ente in Gemüsejulienne und Portwein

Für 4 Personen

*1 Ente à 1,7 kg - 50 g Karotten, 30 g weiße Lauch-
stange, 30 g Selleriestange, gleichmäßig en julienne
geschnitten - 50 g Butter - 1 großes Netz - Salz, Pfeffer*

Schmorbeilagen: *20 g Karotten, 20 g Sellerie, 1/2
Zwiebel*, en matignon *geschnitten - 2,5 dl trockener
weißer Portwein - 1 dl Bratenjus - 2,5 dl Geflügelfond - 1 Bouquet garni - 20 g Butter*

Zubereitung der Ente

Die Ente auf den Bauch legen und die Sehnen der Füße herausziehen (siehe Seite 108).

Ausnehmen, absengen, das Gabelbein entfernen, innen
würzen und bridieren. Mit 20 g Butter und 3 Körnern grobem Salz einreiben. Die Entenbrust in einer heißen Pfanne
von allen Seiten anbräunen. Abtropfen lassen, abtrocknen
und beiseite stellen.

Die Julienne fünf Minuten in einer Schwenkkasserolle mit
2 cl Wasser und 30 g Butter dünsten. Salzen, leicht pfeffern. Den Brustraum der Ente mit der halb garen Gemüse-
julienne füllen und sorgfältig in das Netz einschlagen. Beiseite stellen.

Garen der Ente

In einem schweren Topf das Gemüse für das Garen der
Ente in der Butter andünsten. Die Ente hineingeben, mit
1 dl Portwein, 1 dl Geflügelfond und dem Bratenjus aufgießen. Aufkochen lassen, zudecken und bei schwacher
Hitze garen. Nach 15 Minuten den restlichen Portwein und
den Geflügelfond hinzufügen. Weitere 45 Minuten unter
fleißigem Begießen garen.

Fertigstellung und Präsentation

Den Jus durch ein Spitzsieb passieren und abschmecken.
Im Topf zu Tisch bringen.

Man kann dieses Gericht noch aufwendiger gestalten, indem man für jeden Gast bei der Hälfte der Garzeit eine frische Feige hinzufügt, die man an der Spitze kreuzförmig
einschneidet.

TERRINE CHAUDE DE LAPIN

Warme Kaninchenterrine

Für 4 Personen

1 junges Kaninchen à 1,2 kg

Farce: *3 dünne Speckscheiben - 200 g fetter Speck - 300 g Kaninchenfleisch (Keulen und Vorderpfoten) - 150 g Enten-Foie gras - 20 g gehackte Schalotte - Thymianblüten - 3 cl Cognac - 3 cl Trüffeljus - 3 cl Rotwein (Syrah) - 12 g Salz - 3 g frisch gemahlener Pfeffer*

Garnitur für die Terrine: *120 g Enten-Foie gras, und zwar 2 lange und dicke Schnitten - 2 Filets vom Kaninchenrücken - Salz, Pfeffer*

Sauce: *Zerstoßene Knochen und Rippen des Kaninchens - 1 Flasche körperreicher Rotwein (Côte-du-Rhône oder Syrah) - 2 dl Barsac oder ein anderer Süßwein - 1 Bouquet garni - 2 zerdrückte Knoblauchzehen - 1 Karotte - 1 große Zwiebel - 2 cl Cognac - 2,5 dl Bratenjus - 5 cl Erdnußöl - Salz, Pfeffer*

Zubereitung der Farce

Die Keulen und Vorderpfoten des Kaninchens entbeinen. Die weiße Haut, die das Fleisch überzieht, soweit wie möglich entfernen. Abwiegen. Das Kaninchenfleisch, den Speck, die Enten-Foie gras und die Kaninchenleber grob hacken. In einer Form vermischen und beiseite stellen. In einer Schwenkkasserolle die gehackte Schalotte mit dem Cognac reduzieren und flambieren. Mit dem Rotwein begießen, aufkochen lassen, vom Feuer nehmen. Abkühlen lassen. Die Thymianblüten, die Schalottenreduktion und den Trüffeljus zum Fleisch geben. Salzen und pfeffern. Sorgfältig vermischen, mit einer Folie bedecken und zwei Stunden kühl stellen. Dieses Fleisch im Fleischwolf durch eine feine Lochscheibe drehen. Diese Farce anschließend in der Rührschüssel des Mixers pürieren. So schnell wie möglich arbeiten, damit sich die Masse nicht erwärmt, und durch ein Sieb geben.

Eine Terrine mit den Speckstreifen überstehend auslegen, damit anschließend die Terrine verschlossen werden kann. Die gewürzten Foie gras-Schnitten von beiden Seiten in der Pfanne anbräunen. Auf Küchenkrepp abtrocknen. Die weiße Haut von den Kaninchenfilets abziehen und die Filets in feine Scheiben schneiden; salzen und pfeffern.

Einfüllen der Terrine

Die Terrine auf halbe Höhe mit der Farce füllen, festdrükken, die Kaninchenscheiben und die Foie-gras-Schnitten darauflegen. Mit Farce bedecken. Nochmals festdrücken und mit dem Speck verschließen. Kühl stellen.
Backofen auf 130° C vorheizen.

Zubereitung der Sauce

Die Rippen und Knochen des Kaninchens zerstoßen. In Öl in einer Kasserolle anbraten.
Wenn sie Farbe angenommen haben, feingehackte Karotte und Zwiebel, Bouquet garni und Knoblauch dazugeben. Die Garnitur einen Augenblick dünsten. Entfetten und mit Cognac flambieren. Mit dem Rotwein und dem süßen Wein aufgießen. Fast zu einem Extrakt reduzieren. Den Bratenjus hinzufügen und zehn Minuten bei schwacher Hitze köcheln lassen. Diese Sauce durch ein Spitzsieb geben. Salzen, pfeffern und warm stellen.

Garen der Terrine

Die Terrine mit Aluminiumfolie bedecken. Eineinhalb Stunden im Backofen im Wasserbad garen.
An einem warmen Ort beiseite stellen und vor dem Herausnehmen bedeckt fünfzehn Minuten stehen lassen.

Präsentation

Auf warmen Tellern eine dicke Schnitte der Terrine anrichten. Einen Löffel Sauce dazugießen. Die restliche Sauce in einer Sauciere reichen.

Gustave Doré,
Die Kaninchen.

116

FILETS MIGNONS DE LAPIN
À L'HUILE DE NOISETTE
ET AUX CHAMPIGNONS DES BOIS

Kaninchenfilets in Nußöl mit Waldpilzen

Für 4 Personen

2 Bas-rond-Stücke vom jungen Kaninchen (Keulen und Rücken) - 100 g Totentrompeten - 1 gehackte Schalotte - 5 cl Weinessig - 1,5 dl Haselnußöl - 1 dl Erdnußöl - 2 Kaffeelöffel scharfer Senf - 30 g fetter Speck, in lange Stückchen geschnitten - 2 gehackte Salbeiblätter - 1 Kaffeelöffel gehackter Estragon - 12 geröstete und zerstoßene Haselnüsse - 30 g Butter - Salz, Pfeffer

Zubereitung

Das Kaninchen entbeinen, die Keulen und die ausgelösten Filets spicken, damit sie beim Garen nicht trocken werden. Die Keulen mit der flachen Klinge eines großen Messers plattieren. Salzen, pfeffern, mit einem Löffel Senf und Salbei bestreichen. Eine Stunde in der Ölmischung ziehen lassen.

Die Pilze putzen und sorgfältig waschen; auf einem Tuch abtrocknen.

In einer Pfanne die Pilze andünsten, damit die Flüssigkeit austritt, und abtropfen lassen. Die Schalotten in einer Schwenkkasserolle andünsten, die Pilze dazugeben und braten. Warm stellen.

Die Stücke aus der Marinade nehmen und abtropfen.

Mit 1 dl Öl von der Marinade die Vinaigrette herstellen, indem man den Senf und den Essig einarbeitet. Salzen, pfeffern und an einem mäßig warmen Ort aufbewahren.

Garen des Kaninchens

Die Stücke auf eine flache Form legen. Die Filets vier Minuten, die Keulen etwa sechs Minuten unter der Oberhitze garen. Mit dem Öl von der Marinade besprengen und häufig wenden. Die Form mit Aluminiumfolie abdecken, einige Minuten ruhen lassen.

Fertigstellung

Die Kaninchenstücke in 1 cm dicke Scheiben schneiden, auf den mit der Vinaigrette gewürzten Pilzen anordnen, mit Estragon und den zerstoßenen Nüssen bestreuen.

FAUX-FILET GRILLÉ AU BEURRE D'HERBES

Filetbraten mit Kräuterbutter

Für 4 Personen

800 g Filet, zugedeckt und mit Petersilie bestreut - 1 dl Traubenkernöl - 200 g geknetete Butter - 20 g gehackte Schalotte - 20 g Spinat - 20 g Petersilie - 20 g Kerbel - 10 g Estragon - 10 g Kresseblätter und Kresse für die Dekoration - 1 Kaffeelöffel Senf - 200 g feines Paniermehl - 1 Eigelb und 1 ganzes Ei - 50 g Mehl - 1 l Fritieröl - Saft von einer Zitrone - Salz, Pfeffer

Zubereitung des Filets

Am Vortag

Das Fleisch mit 1 dl Öl begießen. Kühl stellen und zwei- bis dreimal wenden.

Zubereitung der Kräuterbutter

Am nächsten Tag

Die Schalotte in einer Kasserolle in 20 g Butter andünsten.
Spinat, Petersilie, Kerbel, Estragon und Kresseblätter feinhacken.
In einem Mixer die restliche Butter mit Kräutern, Senf, gedünsteter Schalotte und dem Zitronensaft verarbeiten. Salzen und pfeffern.
Mit 2 Eßlöffeln aus der Kräuterbutter Klößchen formen und dreißig Minuten in den Kühlschrank stellen.
Das ganze Ei und das Eigelb verschlagen, salzen und pfeffern.
Die festgewordenen Butterklößchen nacheinander in Mehl, geschlagenen Eiern und Paniermehl wenden. Dreißig Mi-

nuten kühl stellen. Diese beiden Vorgänge zweimal wiederholen und unbedingt die Ruhezeit im Kühlschrank einhalten.

Braten des Filets

Eine starke Holzkohlenglut vorbereiten. Das Filet trockenreiben, salzen, pfeffern und auf den heißen Rost legen. Das Fleisch während des Bratens mit Öl bestreichen, damit es nicht austrocknet. Mehrmals wenden, so daß ein schönes Gittermuster entsteht.
Backofen auf 120° C vorheizen. Das Fritieröl erhitzen und die panierten Butterklößchen im heißen Öl anbräunen. Sorgfältig auf Küchenkrepp abtropfen lassen, drei bis vier Minuten im Backofen warm halten, damit die Butter im Inneren vollständig schmilzt. Die Garzeit des Filets hängt von der Dicke des Fleisches und vom Geschmack der Gäste ab. Das Filet zehn Minuten vor dem Ende der gewünschten Garzeit vom Rost nehmen, in Aluminiumfolie einschlagen und zehn bis zwölf Minuten unter Wärme ruhen lassen.

Präsentation

Das Filet auf einer Platte anrichten, mit den gebackenen Butterklößchen und einigen Kresseblättern umlegen. Die Gäste können das Butterklößchen auf ihrem Teller aufbrechen: die flüssige Butter bildet die Sauce zum Fleisch.

Damit auch die „traditionelle" Küche zu ihrem Recht kommt, empfehle ich zu diesem Gericht knusprige Pommes frites.

Salvador Dalí,
La Côte de bœuf.

AIGUILLETTE BARONNE AUX CAROTTES

Gedünstetes Schwanzstück mit Karotten

Für 4 Personen

1,5 kg Rindfleisch vom Schwanzstück - 200 g fetter Speck, in dicke Scheiben geschnitten - 3 cl Cognac - 50 g Butter - 1 Kressesträußlein   Salz, Pfeffer

Marinade: 2 Flaschen trockener Weißwein - Thymian - Lorbeerblatt - Petersilienstengel - Stangensellerie - 3 zerdrückte Knoblauchzehen.

Zum Schmoren: 50 g Schweineschmalz - 2 große Zwiebeln - 2 Karotten - 200 g in Stücke geschlagene Knochen von Kalbshaxen - 1 dl Öl - 1 gespaltener und blanchierter Kalbsfuß - 2 l Rinderbouillon (siehe Grundtechniken) - 2,5 dl Bratenjus - grobes Salz, Pfeffer

Garnitur: 2 Bund kleine Karotten mit Kraut - 1 Bund Frühlingszwiebeln - 40 g Butter - 20 g Zucker - Salz, Pfeffer

Vorbereitung des Schwanzstücks

9 Stunden vor dem Servieren

Das Fleisch spicken. Salzen, pfeffern und binden. Fünf Stunden in Weißwein, Cognac, Thymian, Lorbeer, Petersilie, Sellerie und Knoblauch marinieren.

In einer feuerfesten Form mit dem Öl die in Stücke geschlagenen Kalbsknochen Farbe annehmen lassen. Den Kalbsfuß vier bis fünf Minuten in kochendem Wasser blanchieren. Abschrecken.

Braten des Schwanzstücks

Backofen auf 150° C vorheizen.

Das Fleisch abtropfen lassen, abtrocknen, in einer Pfanne mit dem Schmalz rasch Farbe annehmen lassen, mit den Karotten, den *en matignon* geschnittenen Zwiebeln und den Kalbsknochen in eine gußeiserne Braisière geben. Die Marinade und den blanchierten Kalbsfuß hinzufügen. Salzen, pfeffern, aufkochen lassen und die Braisière zudecken. Zwei Stunden im Backofen garen. Die Braisière herausnehmen, mit der Rinderbouillon und dem Bratensaft begießen. Zugedeckt nochmals 1 1/2 Stunden in den Backofen stellen und häufig begießen.

Nach dem Garen das Rinderstück vorsichtig lösen und auf einer Platte auf der Herdtür aufbewahren. Den Jus durch ein Feinsieb passieren.

Garen der Gemüse

Zwiebeln und Karotten schälen und 2 cm des Krauts stehen lassen. In einer Kasserolle die Karotten mit dem kochenden Salzwasser, in einer anderen die zur Hälfte mit Wasser bedeckten Zwiebeln mit Salz, Zucker und Butter garen.

An den Karotten mit einer Messerspitze Garprobe machen. Abschrecken. Die Zwiebeln müssen am Ende der Garzeit karamelisiert sein. Warm stellen.

Fertigstellung und Präsentation

Die Karotten in ein wenig Bratensaft erhitzen, die restliche Garflüssigkeit reduzieren, 50 g Butter hinzufügen und das Schwanzstück mehrmals begießen. So erhält man eine schöne Glasur.

Das Rindstück auf einer Porzellanplatte anrichten, mit den Karotten, den glacierten Zwiebeln und den kleinen Kressesträußlein garnieren.

Die Schmorflüssigkeit in einer Sauciere dazu reichen.

GIGOT À LA BROCHE, SALSIFIS À LA CRÈME

Lammkeule am Spieß, Schwarzwurzeln mit Sahne

Für 4 Personen

2 kleine Milchlammkeulen à 800 g - 40 g Trüffeln - Schweinenetz - 100 g Butter - 1/2 l kohlensäurehaltiges Mineralwasser - 2 dl Lammjus - 50 g feines Paniermehl - 1 Sträußchen Kresseblätter, gewaschen und getrocknet - Salz, Pfeffer

Vorbereitung der Lammkeulen

Die Haut von den Fleischstücken abziehen. Leicht entfetten.

Das Netz in Eiswasser waschen und trockenschleudern.

Den Knochen vom oberen Teil der Keule ablösen. Die Keulen mit kleinen Trüffelstückchen spicken, salzen, pfeffern und in eine dünne Lage Netz einschlagen. Reichlich mit Butter bestreichen und auf den Spieß stecken. Den Spieß vor einer roten Glut einhängen. Unter die Keulen eine Fettpfanne mit dem Mineralwasser schieben. Die Keulen begießen, sobald die Butter zu schmelzen beginnt. 15 Minuten bei starker Hitze garen.

Die Keulen mit feinem Paniermehl bestreuen und weitere 15 Minuten garen; nicht mehr begießen. Das Paniermehl muß eine schöne goldene Kruste ergeben.

Die Keulen von der Glut nehmen und vor dem Servieren 12 Minuten in einem Aluminiumwickel ruhen lassen.

Präsentation

Den Knochen mit einer Manschette schmücken und die beiden Lammkeulen auf einer Servierplatte anrichten. Mit einem Sträußlein Kresse dekorieren. Dazu die Schwarzwurzeln in Sahne und den in einer Sauciere angerichteten fetten Lammjus reichen.

Garnitur siehe Seite 146

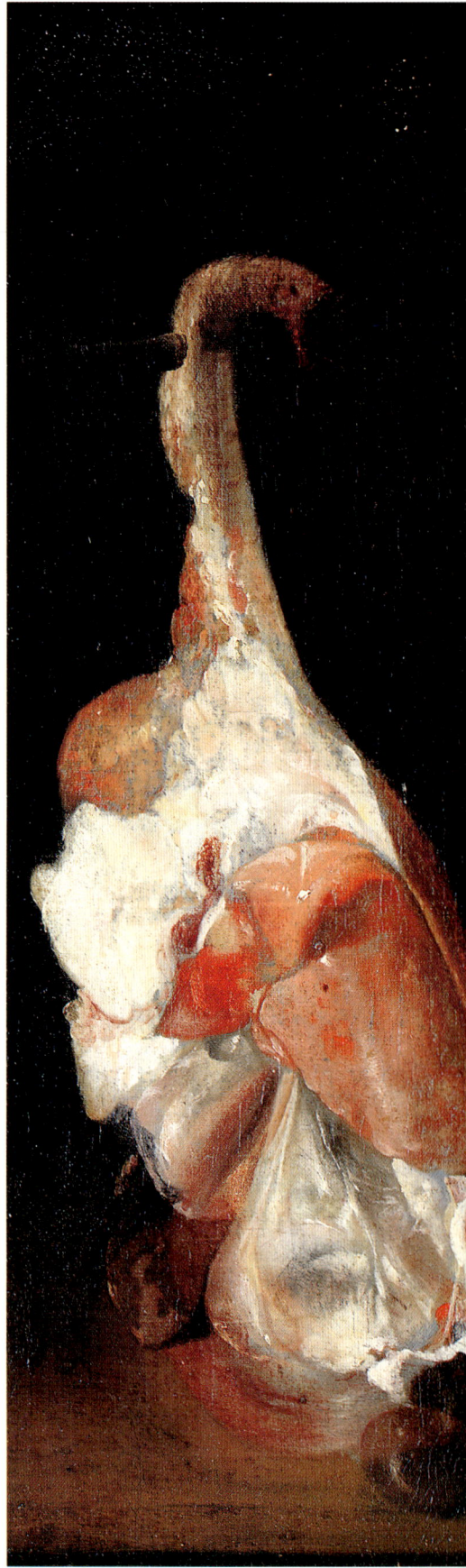

Michel Honoré Bounieu (zugeschrieben),
Der Küchentisch.

PETITS RÔTIS D'AGNEAU, SAUCE CIVET

Lammbraten an Wildsauce

Für 4 Personen

1 Lammkeule à 1,5 kg - 1 Flasche Syrah (Côte-du-Rhône) - 50 g Zucker - 2 Karotten - 1 Zwiebel - 2 Gewürznelken - 1 Wacholderbeere, zerdrückt - grob gemahlener Pfeffer - 2 Selleriestangen - das Weiße einer Lauchstange - 1 Bouquet garni - 5 cl Olivenöl - 15 cl Erdnußöl - 2 Knoblauchzehen, ungeschält - 1 dl Schweineblut - 1 Eßlöffel scharfer Senf - 200 g Spinatschößlinge - 1 l Fritieröl - Salz, Pfeffer

Zubereitung

15 Stunden vor dem Servieren

In einer Kasserolle den Wein aufkochen und stark kochen lassen, bis aller Alkohol verdampft ist. Abkühlen lassen.

Die Keule putzen und ausbeinen. Die Knochen und die Parüren hacken, das Gemüse *en matignon* schneiden, mit dem Wein, den Gewürzen, dem Knoblauch, dem Bouquet garni und 5 cl Olivenöl marinieren. Zwölf Stunden in den Kühlschrank stellen.

Das Lammfleisch in Richtung der Faser in vier gleichmäßige Stücke schneiden, binden und kühl stellen.

Das Gemüse, die Knochen und die Parüren aus der Marinade abtropfen lassen und mit 1 dl Öl in einer Kasserolle anbraten. Mit der Marinade begießen, Zucker hinzufügen, aufkochen lassen, abschäumen und zwei Stunden bei schwacher Hitze garen. Die Sauce durch ein Spitzsieb geben und die Garnitur ausdrücken.

Beiseite stellen.

Garen der Bratenstücke

Backofen auf 200° C vorheizen.

Die Bratenstücke salzen und pfeffern, in 5 cl Öl anbräunen und im heißen Backofen sieben bis acht Minuten garen. Aufbinden und fünf Minuten auf Aluminiumfolie außerhalb des Backofens ruhen lassen.

Garen der Spinatschößlinge

Die Spinatblätter waschen und abtrocknen und drei bis vier Sekunden in ein heißes Fritierbad tauchen. Auf Küchenkrepp abtropfen lassen, salzen und warm stellen.

Fertigstellung der Sauce

Die Garflüssigkeit der Marinade auf zwei Drittel reduzieren und den in der Aluminiumfolie zurückgebliebenen Saft dazugeben.

In einer Schüssel den Eßlöffel Senf, das Schweineblut und einen Schöpflöffel Sauce miteinander vermischen. Diese Mischung langsam zur Reduktion gießen, mit dem Schneebesen schlagen, vom Feuer nehmen und ein bis zwei Minuten leise köcheln. Salzen, pfeffern.

Präsentation

Die kleinen Bratenstücke putzen und auf einer Platte anrichten. Mit einem Schöpflöffel Sauce überziehen, mit den fritierten Spinatschößlingen umlegen und die restliche Sauce getrennt dazu reichen.

In derselben Weise kann man Schweinelendchen, Kalbslendchen oder Rinderfilet zubereiten.

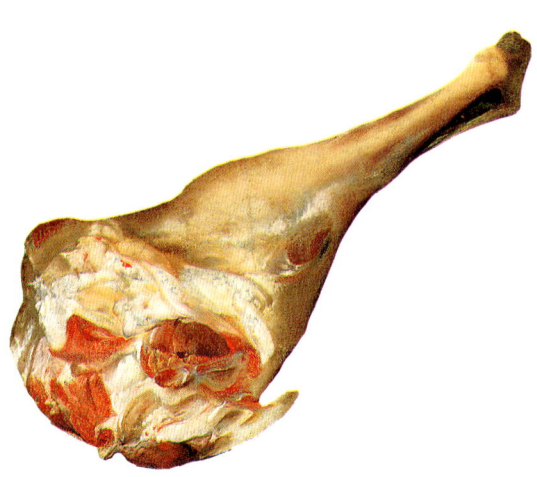

JARRETS DE PORC À LA MOUTARDE

Schweinsfuß an Senfsauce

Für 4 Personen

2 Schweinsfüße - 1 Sträußlein Kresseblätter, gewaschen und getrocknet
Schmorgemüse: *2 Karotten,* en mirepoix *geschnitten - 2 Zwiebeln,* en mirepoix *geschnitten - Speckschwarten - 1 Bouquet garni - 2 Knoblauchzehen - 2 Schalotten - 2 dl Geflügelfond (siehe Grundtechniken) - 2 dl Bratenjus - 1 dl Erdnußöl - Salz, Pfeffer*
Sauce: *Fond vom abgeseihten Schmorgemüse - 10 g Moutarde de Meaux - 10 g scharfer Senf - 20 g frische Butter*
Garnitur: *25 grüne Oliven, entsteint - 10 g feingeschnittene Cornichons*

Zubereitung des Schmorgemüses

Backofen auf 150° C vorheizen.
Die Schweinsfüße parieren und die Knochen blankschaben.
Die Füße in einer Pfanne in heißem Öl von allen Seiten anbraten.
In eine gußeiserne Form legen.

In derselben Pfanne die Zwiebeln und die Karotten goldgelb anbraten. Mit dem Bouquet garni, den Schwarten, dem Knoblauch und den Schalotten zu den Füßen geben.
Mit 1 dl Wasser, dem Geflügelfond und dem Bratenjus begießen. Zum Kochen bringen. Salzen, pfeffern und zudecken. 1 1/2 Stunden im Backofen garen. Während dieser Zeit häufig begießen.
Die Kochflüssigkeit durch ein Spitzsieb geben, die Hälfte beiseite stellen und den Rest in einer kleinen Kasserolle auf kleinem Feuer einkochen lassen. Die beiden Senfarten hinzufügen, mit Butter aufschlagen und die Oliven und die Cornichons-Julienne dazugeben. Warm stellen.
Die Füße in eine Schwenkkasserolle geben, die beiseite gestellte Kochflüssigkeit dazugießen und bei starker Hitze reduzieren; dabei das Fleisch fortwährend begießen, damit es eine schöne Farbe annimmt.

Präsentation

Die beiden Füße auf einer Platte anrichten. Mit den Oliven, der Cornichons-Julienne und einem Band des Jus umziehen.
Mit einem Sträußlein Kresseblätter dekorieren. Den Jus getrennt in einer Sauciere reichen.

Pieter Aertsen,
Der Ladentisch des Fleischers.

124

TÊTE DE VEAU À LA BROCHE

Kalbskopf am Spieß

Für 4 Personen

1 weißer Kalbskopf - 1 parierte Zunge (Schlund entfernt) - 1 Sträußlein Kresseblätter, gewaschen und getrocknet - 100 g gesiebtes Mehl - 50 g zerlassene Butter - 1 Zitrone

Bouillon: 1/2 l trockener Weißwein - 30 g Mehl - 2 Karotten - 2 mittlere Zwiebeln, mit 3 Nelken besteckt - 1 Bund Lauch - 2 Schalotten - 1 halbe Knoblauchzwiebel - 1 Bouquet garni - grobes Salz, ganze Pfefferkörner

Farce: 10 g gehackte Petersilie - 10 g gehackter Kerbel - 5 g gehackter Estragon - 20 g scharfer Senf - Salz, Pfeffer

Panade: 5 ganze Eier und 5 Eigelbe - 100 g feines Paniermehl

Fetter Jus: 1 dl Bratenjus - 20 g braune Butter

Vorbereitung des Kalbskopfs

Am Vortag

Den Kopf und die Zunge zwei Stunden in Eiswasser wässern. Den Kopf mit der Zitrone einreiben. Alles blanchieren, abschrecken und abtropfen lassen.

Mit der Gewürzgarnitur und dem im Weißwein aufgelösten Mehl in 3 l Wasser aufsetzen. Salzen und pfeffern. Zum Kochen bringen und auf schwacher Hitze 2 1/2 Stunden garen; darauf achten, daß der Kopf ganz mit Wasser bedeckt ist. Wenn er gar ist, sofort herausnehmen und auf eine große Platte geben.

Die beiden Ohren abschneiden und den Kopf so egalisieren, daß man ein gleichmäßiges Rechteck erhält. Überschüssige Fettschichten entfernen. Salzen und pfeffern, mit Senf bestreichen und mit Kräutern bestreuen.

Von der noch warmen Zunge die Haut abziehen und dann die Zunge der Länge nach halbieren. Auf die Mitte des Kopfs legen und auf ein großes Stück Folie breiten. Möglichst dünn aufrollen. Die Folie an den beiden Enden und in der Mitte mit einem Bindfaden fest verschnüren. Die so geformte Roulade kühl stellen. Sechs Stunden abkühlen lassen.

Die Folie wegnehmen, den Kopf im Mehl wälzen und mit den vermischten Eiern und Eigelben überziehen. Abtropfen lassen und im Paniermehl panieren. Eine Stunde kühl stellen. Diesen Vorgang zweimal ohne Mehl wiederholen und die kühle Ruhezeit zwischen den Vorgängen unbedingt einhalten. Kühl aufbewahren. Der Kalbskopf ist jetzt vorbereitet.

Braten des Kalbskopfs

Am nächsten Tag

Backofen auf 180° C vorheizen.

Den Kalbskopf am Spieß grillen und von Zeit zu Zeit mit zerlassener Butter bestreichen. Er soll eine schöne goldgelbe Farbe annehmen, was etwa zwanzig bis dreißig Minuten dauern wird. In Aluminiumfolie einschlagen und fünfzehn Minuten nachgaren lassen.

Präsentation

Den Kalbskopf auf einer Platte anrichten. Mit einem Sträußchen Kresseblätter garnieren. Dazu den fetten Jus in eine Sauciere reichen.

125

TOURTE DE GIBIER AUX CARDONS

Wildpastete mit Karden

Für 4 Personen

1 Wildente - 1 Fasanhenne - 250 g Blätterteig (siehe Seite 206) - 5 cl trockener Weißwein - 1 Kardenstaude - 30 g Mehl - 1 dl Bratenjus - 100 g Mark, in Eiswasser gewässert - 20 g glatte Petersilie, gehackt - 1 Zitrone - Salz, Pfeffer

Farce: Keulen und 1 Filet von der Wildente und von der Fasanhenne (400 g Fleisch) - 200 g fetter Speck - 100 g rohe Enten-Foie gras - 1 feingehackte Schalotte - 3 cl Trüffeljus - 2 cl Cognac - 5 cl Rotwein - 2 zerdrückte Wacholderbeeren - Thymianblüten - 1 Lorbeerblatt - 2 g frisch gemahlener Pfeffer - 12 g Salz

Garnitur für die Pastete: Filets von der Wildente und von der Fasanhenne - 200 g rohe Enten-Foie gras, d.h. vier große Schnitten - 1 Ei zum Bestreichen - Salz, Pfeffer

Vorbereiten und Garen der Karden

Harte oder verwelkte Zweige der Karden entfernen. Nacheinander die zarten Zweige abnehmen und in 8 cm lange Stücke schneiden. Alle Fasern des Gemüses entfernen und mit der halben Zitrone einreiben, damit es nicht schwarz wird.

Das Mehl im Weißwein auflösen. 1 l Wasser hinzufügen, salzen, pfeffern und unter ständigem Rühren zum Kochen bringen. Die Karden etwa zwei Stunden leise köcheln lassen. Beiseite stellen.

Zubereitung der Farce

Das Fleisch von den Keulen der Wildente und der Fasanhenne in kleine Würfel schneiden. Mit einem Filet beider Geflügel ebenso verfahren. Salzen, pfeffern und beiseite stellen.

Den fetten Speck und die Enten-Foie gras schneiden. Dieses Ragout auf einer Platte auslegen.

In einer kleinen Schwenkkasserolle die Schalotte andünsten, mit Cognac ablöschen und dem Rotwein begießen und auf ein Drittel reduzieren.

Abkühlen lassen.

Die Weinreduktion, den Trüffeljus, die Gewürze, die Thymianblüten, Lorbeerblatt und Wacholderbeeren mit dem Ragout vermischen. Diese Zubereitung mit Folie bedecken und eine Stunde kühl stellen.

Zubereitung der Pastete

Das Filet der Wildente und der Fasanhenne in Scheiben schneiden, salzen und pfeffern.

Die Foie gras-Medaillons braten und auf Küchenkrepp abtropfen lassen.

Den Blätterteig zu einem großen Rechteck ausrollen. Einen Kreis von 15 und einen Kreis von 17 cm Durchmesser ausstechen.

In die Mitte des kleineren Teigstücks einen Teigausstecher von 8 cm Durchmesser aufsetzen. Bis knapp zur Hälfte mit einer Lage der Farce füllen. Die Wildfiletstücke sowie die gebratenen Foie gras-Medaillons darauflegen. Mit der restlichen Sauce bedecken. Den Ausstecher wegnehmen. Die Oberfläche des Blätterteigs mit ein wenig Wasser bestreichen. Mit dem zweiten Blätterteigstück bedecken. Sorgfältig festdrücken und wie auf Seite 82 beschrieben beschneiden.

Backen der Pastete

Backofen auf 180° C vorheizen.

Die Eigelbe mit ein wenig Wasser verschlagen und die Pastete damit bestreichen. 40 Minuten backen.

Fertigstellung und Präsentation

Die Karden abtropfen lassen und mit dem Bratenjus erwärmen. Abschmecken. Das in Scheiben geschnittene Mark vorsichtig pochieren.

Die Pastete auf einer runden Platte anrichten. Dazu einen Gemüseteller mit den Karden am Jus reichen, garniert mit einem Kranz Mark und mit glatter Petersilie bestreut.

François Desportes,
Geflügel, Wild, Gemüse und Obst in einer Küche.

RÂBLES DE LIÈVRE, SAUCE TOMATES VERTES

Hasenrücken an grüner Tomatensauce

Für 4 Personen

2 Hasenrücken, pariert - 200 g zerstoßene Knochen und Parüren vom Hasen - 8 Stäbchen fetter Speck - 3 gekochte rote Rüben - 20 g Butter - 20 g scharfer Senf - 5 cl Erdnußöl - 2 cl Olivenöl - 50 g gewaschene Feldsalatblätter - Thymianblüten - Salz, Pfeffer Sauce: *75 cl trockener Weißwein - 100 g Champignons - 5 cl Weinessig - 2 grüne Tomaten - 50 g grüne Tomatenkonfitüre - 2 gehackte Schalotten - 30 g Karotten - 30 g Stangensellerie - 30 g weiße Lauchstange - 1/2 weiße Zwiebel - 1 Bouquet garni - 30 g Butter - 5 cl Erdnußöl - Salz, Pfeffer*

Vorbereitung der Hasenrücken

Die Hasenrücken der Länge nach mit zwei 4 mm dicken und 15 cm langen Speckstreifen spicken. Salzen, pfeffern, mit einer Mischung aus Senf, Olivenöl und den Thymianblüten bestreichen. Kühl stellen.

Zubereitung der Sauce

Backofen auf 200° C vorheizen. Die Knochen und Parüren des Hasen in Erdnußöl anbräunen. Die *en matignon* geschnittenen Gemüsegarnituren, dann das Bouquet garni hinzufügen. Nach dem Braten überschüssiges Fett entfernen, mit dem Essig aufgießen, auf ein Drittel reduzieren, den Weißwein, die grünen geviertelten Tomaten hinzufügen und 30 Minuten „au sourire" garen[1]. Die Champignons säubern, in ein Mulltuch einhüllen und zehn Minuten vor Ende der Garzeit in der Sauce mitziehen lassen. Säckchen herausnehmen, die Sauce durch ein Spitzsieb seihen und ausdrücken.

Garen der Hasenrücken

In einer Schwenkkasserolle das Öl erhitzen, die Hasenrücken anbraten und zehn Minuten im heißen Backofen garen. Mit zwei bis drei Löffeln der Garflüssigkeit begießen. Drei bis vier Minuten in einem Aluminiumwickel warm stellen.

Garen der Roten Rüben

Rote Rüben in 3 mm dicke Scheiben schneiden, mit 20 g Butter in einer Pfanne braten. Salzen, pfeffern, warm stellen.

Fertigstellung und Präsentation

Die Sauce zu sämiger Konsistenz einkochen, die grüne Tomatenkonfitüre und den im Wickel zurückgebliebenen Kochsaft hinzufügen. Salzen, pfeffern, mit einigen Nüßchen frischer Butter aufschlagen.

Die Hasenrücken in der Mitte einer ovalen Platte anordnen, mit einem Saucefilm überziehen, mit den roten Rübenscheiben und den mit Olivenöl überglänzten, gesalzenen und gepfefferten Feldsalatblättern umlegen.

[1] „au sourire" („mit dem Lächeln") kochen: Einen Fond oder eine Bouillon auf Siedehitze bringen, so daß sich die Oberfläche mit einem Depot überzieht, das aus den Verunreinigungen besteht. Durch das sehr langsame, leise simmernde Garen ordnen sich die Verunreinigungen an der Oberfläche dieser Bouillon zu einem Kreisbogen an, was wie ein Lächeln aussieht.

FILETS DE CHEVREUIL GRILLÉS

Kitzfilets vom Grill

Für 4 Personen

*1 Kitzrücken à 3 kg - 30 g Senf - 3 dl Crème fraîche -
1 dl Geflügelfond (siehe Grundtechniken) - 1 dl Olivenöl - 2 Wacholderkörner - Senf - frischer Thymian - 1 Zitrone - Salz, Pfeffer*

Vorbereitung des Kitzes

Backofen auf 150° C vorheizen.

Die Kitzfilets abnehmen und parieren. Mit dem Senf, den
man mit dem Thymian aromatisiert hat, dem zerstoßenen
Wacholder und dem Olivenöl bestreichen. Salzen, pfeffern. Kühl stellen.

Die Knochen und die Parüren zerstoßen. Salzen, pfeffern
und mit 2 dl Crème fraîche umhüllen. Eine Stunde marinieren.

Die Originalzubereitung der Sauce

Die Knochen und die Parüren auf einem feuerfesten Geschirr anrichten. Fünfzehn Minuten bei angelehnter Herd-
klappe in den Backofen stellen. Durch diese schwache Hitze schmilzt die Crème fraîche an den Knochen und vermischt sich mit dem Blut und dem Wasser. Dies ist der
„goût de sang", den wir wünschen.

Den Wildfond in einer Kasserolle mit der restlichen Sahne
reduzieren.

Braten des Kitzes

Eine starke Grillglut entzünden. Die Kitzfilets abtropfen
lassen, auf den Rost legen und drei- bis viermal wenden;
darauf achten, daß ein schönes Muster entsteht. Die Garzeit beträgt etwa sechs bis acht Minuten.

In Aluminiumfolie einschlagen und drei bis vier Minuten
nachgaren lassen.

Fertigstellung

Während dieser Zeit das mit der Sahne vermischte Blut
durch ein Spitzsieb passieren und mit der Wildfondreduk-
tion vermischen.

Unter kräftigem Schlagen aufkochen, nachwürzen und
einen Schuß Zitronensaft hinzufügen. Warm stellen.

Präsentation

Das Kitz in kleine Nüßchen von 3 cm Dicke schneiden, auf
vorgewärmten Tellern anrichten und mit der Sauce umziehen. Mit Sellerie und Kastanien garnieren (siehe Seite 142).

Adriaen van Utrecht,
Die Speisekammer.

FAISAN À LA FAISANDIÈRE

Fasan in der Faisandière

Für 4 Personen

2 mittlere Fasane - 2 dünne Speckscheiben - 12 Steinpilze - 1 Schalotte, gehackt - 1 halbe weiße Zwiebel, gehackt - 70 g Butter - 2 dl trockener Weißwein - 1 Bouquet garni - 5 cl Olivenöl - 8 Weinblätter - Salz, Pfeffer

Vorbereitung

Die Weinblätter in leicht gesalzenem Wasser blanchieren. Die Blattrippen entfernen und die Fasanenfüße auf halber Höhe abschneiden (siehe Seite 108).
Ausnehmen, absengen und die Gabelbeine entfernen. Die Fasane innen und außen salzen und pfeffern. Mit 40 g Butter einreiben. Bridieren. In einer Schwenkkasserolle mit heißem Öl anbraten. Abkühlen lassen und Bindfaden entfernen. Die Fasanenbrüste mit den Weinblättern umhüllen und mit den Speckscheiben umlegen. Nochmals bridieren und in die Faisandière legen.

Garen

Die Pilze sorgfältig putzen, waschen und abtrocknen und mit der Schalotte, der Zwiebel und der restlichen Butter um die Fasane legen und auf ein starkes Feuer setzen. Den Weißwein und das Bouquet garni hinzufügen, dicht verschließen und fünfundvierzig Minuten auf einer nicht zu heißen Glut garen lassen.
In der Faisandière zu Tisch bringen. Den Deckel am Tisch vor den Gästen abheben.

Die Faisandière ist ein Küchenutensil, das im sechzehnten Jahrhundert verbreitet war. Es ähnelt einem großen Bügeleisen mit Füßen und mit einem dicht schließenden Deckel. Seine Besonderheit bestand darin, daß sie ehern war, so daß sie der Hitze der Glut widerstehen konnte. Wir können heute statt der Faisandière einen schweren gußeisernen Topf verwenden und das Gericht im Backofen zubereiten.

POT-AU-FEU TRADITIONNEL

Pot-au-feu auf traditionelle Art

Für 6 Personen

800 g Bug - 800 g Nuß - 800 g Querrippen - 1 kg Ochsenschwanz - 2 Karotten - 2 Zwiebeln, mit 2 Gewürznelken besteckt - 2 Schalotten - 3 Knoblauchzehen, zerdrückt - 1 großes Bouquet garni und Lauchgrün - 2 ungeschälte Zwiebeln, halbiert und auf der Schnittfläche angebräunt - grobes Salz, Pfefferkörner

Garnitur: 500 g Karotten - 500 g Sellerieknolle - 500 g Grünkohl - 500 g Kartoffeln - 300 g weiße Rüben - 2 Pastinaken - 6 Markknochen, weiß geschabt

Sauce: 2 dl Rinderfond (siehe Grundtechniken) - 1 dl flüssige Sahne - 3 cl geschlagene Sahne - 20 g Moutarde de Meaux - Salz, Pfeffer

Es empfiehlt sich, einen Pot-au-feu für mindestens sechs Personen zuzubereiten. Dann ergeben die benötigten Mengen eine optimale Bouillon.

Garen des Pot-au-feu

Das Fleisch in einem großen Kochtopf blanchieren, d.h. kalt aufsetzen und aufkochen. Abschrecken. Spülen. Den Behälter abkühlen lassen. Das mit Wasser bedeckte Fleisch, die Gemüsegarnitur, das Bouquet garni und die angebratenen Zwiebelhälften aufsetzen. Salzen, pfeffern. Die angebratenen Zwiebeln geben der Bouillon eine schöne hellbraune Farbe. Zum Kochen bringen und bei sehr schwacher Hitze vier bis fünf Stunden garen.

Mit einer Messerspitze Garprobe machen. Durch das langsame Garen erhält man eine sehr klare und sehr aromatische Bouillon.

Das Fleisch herausnehmen und warm stellen. Die Brühe durch eine Etamine abseihen. Einen Teil zum Entfetten auf Eiswasser stellen und den Rest zum Garen der Gemüse beiseite stellen.

Zubereitung der Garnituren

Das ganz gelassene Gemüse mit Ausnahme des Kohls und des Selleries (diese vierteln) in der für diesen Zweck beiseite gestellten Pot-au-feu-Brühe garen. Da die Garzeiten unterschiedlich sind, die einzelnen Gemüse jeweils rechtzeitig herausnehmen. Warm stellen.

Zubereitung der Sauce

Den Rinderfond zu sirupartiger Konsistenz einkochen. Die Sahne hinzufügen und reduzieren, bis man eine sämige Sauce erhält. Salzen und pfeffern. Abkühlen lassen. Den Moutarde de Meaux und die geschlagene Sahne hinzufügen. Kühl stellen.

Fertigstellung und Präsentation

In der warmen, entfetteten und gewürzten Bouillon das Fleisch und das Gemüse wieder erhitzen und die Markknochen zehn bis fünfzehn Minuten garen.

In einer großen Suppenschüssel das Fleisch, die Markknochen und die heiße Bouillon servieren.

Das Gemüse auf einer oder zwei tiefen Platten zu Tisch bringen.

Dazu auf dem Tisch grobes Salz, grob gemahlenen Pfeffer und in einer Sauciere die Senfcreme bereitstellen.

Michel Honoré Bounieu,
Die Zubereitung des Pot-au-feu.

SONNTAGS-POT-AU-FEU

Man kann den traditionellen Pot-au-feu mit einigen „Extras" aufwendiger und ansprechender gestalten. Alle diese Zutaten werden je nach der Zahl der Gäste hinzugefügt.

Einige Ideen und Vorschläge:

– Pro Person eine Tasse frische Trüffel-Consommé vor der Mahlzeit
– Dann den traditionellen Pot-au-feu mit den Gemüsen servieren.

Fortfahren mit:

– Pro Person eine halbe Taube, in der Bouillon pochiert (rosa gegart)
– eine ganze Scheibe Foie gras, in der Bouillon pochiert und vor den Gästen geschnitten
– pro Person ein halbes Kalbshirn, in Essigwasser gewaschen und blanchiert und in der Bouillon pochiert
– ein Bresse-Huhn, in eine Serviette eingehüllt und etwa 50 Minuten pochiert
– während der Jagdsaison pro Person ein halbes pochiertes junges Rebhuhn oder eine halbe Knäkente (rosa gebraten)
– ein frisches Eigelb, gesalzen und gepfeffert, in der sehr heißen Rinderbouillon gegart und mit der Bouillon und einigen Fadennudeln oder anderen feinen Nudeln in einer Tasse angerichtet
– ein Stück Rinderfilet, pariert, gesalzen, gepfeffert und in einer Pfanne angebraten, gebunden und in die leise köchelnde Bouillon getaucht. Je nach der gewünschten Gare pochieren. Dazu eine Sauce Béarnaise reichen.
In einigen Gegenden Frankreichs gibt es auch die reizvolle Sitte, in die heiße Bouillon Rotwein zu gießen; dies nennt man einen *chabrot*.

GEMÜSE

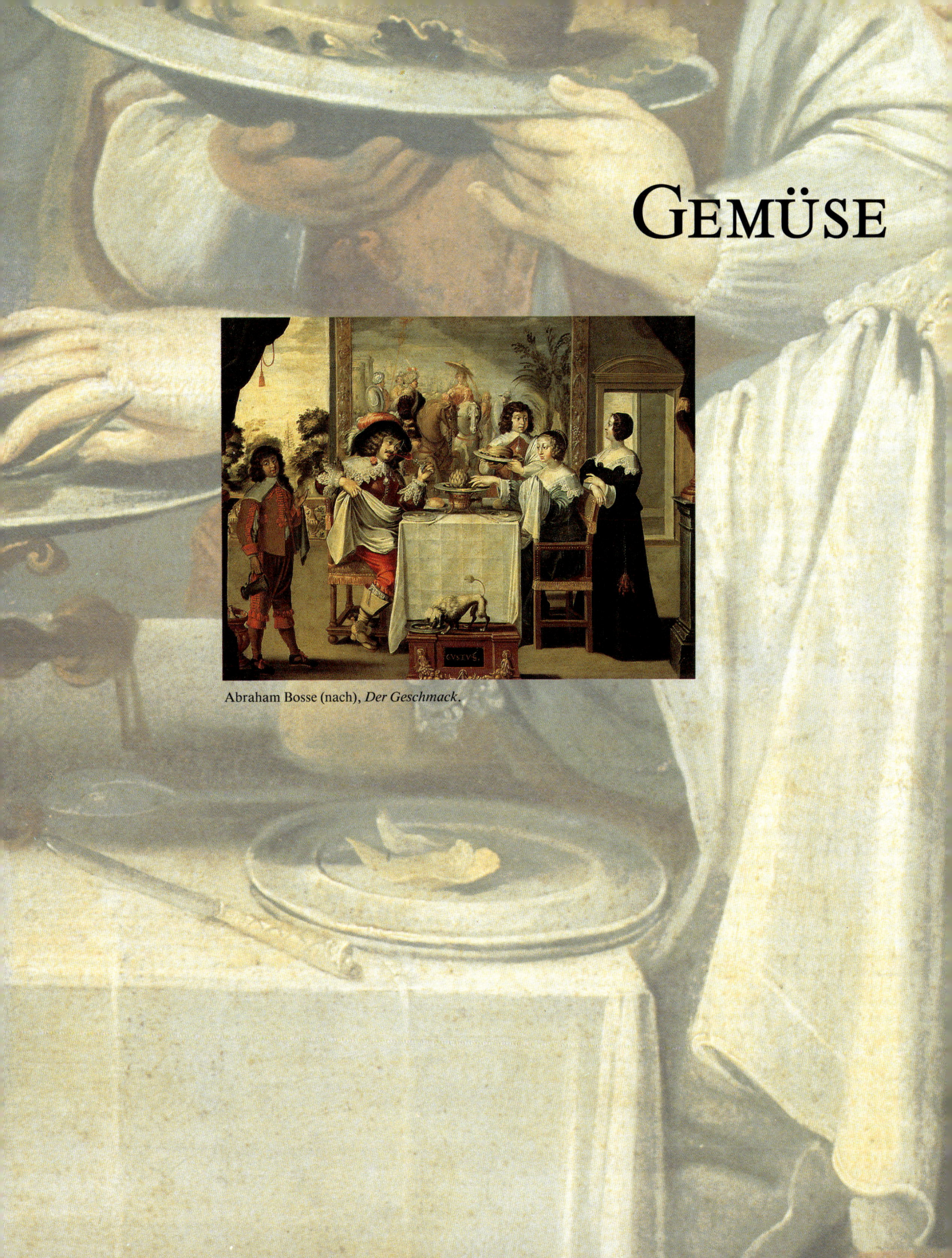

Abraham Bosse (nach), *Der Geschmack*.

FONDS D'ARTICHAUTS AUX ASPERGES

Artischockenböden mit Spargel

Für 4 Personen

4 junge Artischocken aus der Bretagne - 4 Scheiben rohe Foie gras à 50 g - 8 grüne Spargelstangen - 1 dl Geflügelfond (siehe Grundtechniken) - 1/2 Zitrone - 50 g Butter - 8 cl Bratenjus - 3 cl Weinessig - Salz, Pfeffer

Garen der Artischocken

Den Stiel herausreißen, um die Fasern zu entfernen. Die Artischocken waschen und abtropfen lassen. Vierzig Minuten in 3 l kochendem gesalzenem und gesäuertem Wasser garen. Die Artischocke ist gar, wenn sich die Blätter leicht ablösen lassen. Abschrecken.

Garen der Spargelstangen

Die Spargelstangen schälen (siehe Seite 14). In gut gesalzenem Wasser garen; Garprobe machen. In Eiswasser abkühlen und sofort abtropfen lassen. Auf einem Tuch trocknen. Die Spitzen 5 cm lang abschneiden und beiseite stellen. Die Stiele in 5 mm dicke Scheiben schneiden.

Zubereitung

Die Blätter von den Artischocken abzupfen. Das Heu mit einem Löffel herausnehmen und den Boden zu einer regelmäßigen Form schneiden.
In einer Schwenkkasserolle 30 g Butter zerlassen und die Artischockenböden, die Spargelspitzen und die geschnittenen Spargelstangen in 1 dl leicht gewürztem Geflügelfond erhitzen. Die Foie gras-Scheiben salzen, pfeffern und leicht bemehlen und in einem heißen Topf mit glattem Boden Farbe annehmen lassen. Auf Küchenkrepp abtropfen lassen und warm stellen. Den Essig in einer mittleren Schwenkkasserolle auf ein Drittel reduzieren, den Bratenjus hinzufügen, aufkochen, salzen, pfeffern und 20 g braune Butter dazugeben.

Fertigstellung und Präsentation

Die Artischockenböden mit den geschnittenen Spargelstangen garnieren. Mit der gebratenen Foie gras bedecken und mit den beiden Spargelspitzen abschließen. Auf einem Teller anrichten und mit dem fetten Jus begießen.
Die Artischockenblätter wirft man nicht weg: Man kann sie mit einem Suppenlöffel abkratzen und das Fleisch mit dem Artischockenstiel zu einem Pudding verarbeiten. Ebenso können die geschälten Stiele gleichzeitig mit dem Boden gegart und beiseite gestellt werden. Dieses Gemüse bildet die Beilage zur Ente im Schmortopf (siehe Seite 112).

Adriaen Coorte,
Spargel und Artischocke.

FLANS D'ASPERGES AU JUS D'ORANGE

Spargelpudding mit Orangensaft

Für 4 Personen

200 g grüne Spargelspitzen (Vorbereitung siehe Seite 14) - 2 Eier und 1 Eigelb - 50 g rohe Geflügelbrust, mit 3 cl Crème fraîche püriert - 1 dl flüssige Sahne - 3 cl Trüffeljus - Kerbelzweiglein - Salz, Pfeffer
Dekoration: 30 grüne Spargelspitzen von 5 cm Länge, gegart und der Länge nach halbiert - 40 g geknetete Butter
Orangenbutter: Saft von einer Orange - 5 g blanchierte Orangenschalen, feinwürfelig geschnitten - 100 g Butter - Salz, Pfeffer

Zubereitung des Spargelpuddings

Die Spargelspitzen in gut gesalzenem kochendem Wasser garen. In einem Behälter mit Eiswasser rasch abkühlen, abtropfen lassen und auf einem Tuch trocknen.
Die Spargelspitzen mit den Eiern, dem Eigelb und dem Geflügelfleisch in einem Mixer pürieren. Die Sahne und den Trüffelsaft einarbeiten. Salzen und pfeffern. Pürieren, bis man eine glatte, sämige grüne Creme erhält.
Backofen auf 100° C vorheizen.
Vier Edelstahlförmchen von 6 cm Durchmesser 4 cm hoch ausbuttern. Diese Förmchen auf ein ebenes Backblech legen, das als Wasserbad dient.
Am ganzen Umfang die halben Spargelspitzen mit der Schnittfläche nach innen anordnen. Bis zur Höhe der Form mit dem Spargelschaum füllen. Die Spargelspitzen überragen alles andere also um 1 cm.
Das Wasser bis zu einem Drittel der Höhe der Förmchen gießen. Zum Kochen bringen und 20 – 25 Minuten im Backofen garen. Warm stellen.

Zubereitung der Orangenbutter

In einer kleinen Schwenkkasserolle den Orangensaft mit den blanchierten Orangenschalen reduzieren.
Unter ständigem Schlagen die in kleine Stücke geschnittene Butter dazurühren. Salzen und pfeffern. Warm stellen.

Präsentation

Das Edelstahlförmchen vorsichtig auf den Servierteller stellen, eine dünne Messerklinge um die Form ziehen, oben herausziehen, leicht mit ein wenig Orangenbutter überziehen. Mit Kerbelzweiglein bestreuen. Die restliche Butter in einer Sauciere reichen.

CÉLERI AUX MARRONS

Sellerie mit Kastanien

Für 4 Personen

*300 g Knollensellerie - 300 g Kastanien - 30 g But-
ter - 1 dl flüssige Sahne - 1,5 dl Geflügelfond (siehe
Grundtechniken) - 1 dl Bratenjus - 10 g gehackte Petersilie - 1 Zitrone - 10 g Mehl - 1 Bouquet garni -
Salz, Pfeffer*

Vorbereitung des Selleries

Sellerie schälen und mit 1/2 Zitrone einreiben. In 5 mm dik-
ke Scheiben, dann in Stäbchen von 4 cm Länge schneiden.
In leicht gesalzenem und gesäuertem Wasser, dem man das
in ein wenig Wasser aufgelöste Mehl hinzugefügt hat, pochieren. Unter ständigem Rühren aufkochen. Fünfzehn
Minuten bei schwacher Hitze garen. In der Kochflüssigkeit
aufbewahren.

Vorbereitung der Kastanien

Backofen auf 240° C vorheizen.
Die Kastanien an der bauchigen Seite
leicht einschneiden, auf einem Blech
mit ein wenig Wasser acht Minuten in
den heißen Backofen schieben, damit
sie aufplatzen. Noch heiß schälen.
Hitze des Backofens reduzieren.
Eine mittlere Kasserolle ausbuttern,
die Kastanien und das Bouquet garni
hinzufügen, salzen, pfeffern, mit 1 dl
Geflügelfond und dem Bratensaft aufgießen. Aufkochen lassen, mit Butterbrotpapier bedecken und zwanzig Minuten auf der mittleren Schiene weiter
garen. Das Bouquet garni herausnehmen. Warm stellen.

Fertigstellung

Den restlichen Geflügelfond auf ein
Drittel einkochen. Die Sahne hinzufü-
gen und zur Konsistenz einer sämigen Sauce reduzieren.
Die Selleriestäbchen abtropfen lassen, dazugeben und vorsichtig überziehen. Abschmecken.

Präsentation

Die Selleriestäbchen in der Mitte einer flachen Gemüseplatte kuppelförmig anordnen. Mit der gehackten Petersilie
bestreuen. Mit den in der Kochflüssigkeit glacierten Kastanien sorgfältig umlegen.
**Dieses Gemüse paßt zu den gegrillten Kitzfilets
(siehe Seite 130).**

Giuseppe
Arcimboldo,
Der Gemüsegärtner.

TERRINÉE DE LÉGUMES

Gemüseterrine

Für 4 Personen

*8 neue Kartoffeln (klein und rund) - 1 Bund Karot-
ten mit Kraut - 1 Bund weiße Rüben mit Kraut - 1
Bund Frühlingszwiebeln - 100 g feine grüne Boh-
nen - 100 g geschälte junge Erbsen - 100 g geschälte
junge Puffbohnen - 16 grüne Spargelspitzen - 20
Spinatschößlinge - 3 Basilikumblätter, gehackt -
Thymianblüten - 1 dl Geflügelconsommé (siehe
Grundtechniken) - 30 g Butter - 5 g Zucker - 150 g
Mehl - 1 Eigelb - Salz, Pfeffer*

Vorbereitung des Gemüses

Alle Gemüsearten schälen, waschen und vorbereiten. Bei
den Karotten, den weißen Rüben und den Zwiebeln 2 cm
Grün stehen lassen. Kartoffeln, Karotten, weiße Rüben
und Zwiebeln nacheinander in mäßig gesalzenem kochendem Wasser garen. Mit einer Messerspitze Garprobe
machen. Garvorgang in einem Behälter mit Eiswasser beenden, wenn das Gemüse noch leicht knackig ist.
Anschließend nacheinander die grünen Bohnen, die jungen
Erbsen, die Puffbohnen, die Spargelspitzen in stark gesalzenem Wasser garen. Sie müssen noch ganz leicht knackig
sein. In einem Behälter mit Eiswasser abkühlen. Abtropfen
lassen und auf einem Tuch trocknen.
Die Spinatschößlinge gut waschen und abtropfen; roh
lassen.

Zubereitung der Terrine

Backofen auf 220° C vorheizen. Boden und Wand einer
runden Porzellanterrine ausbuttern. Den Boden mit einem
Teil der Spinatschößlinge bedecken und nacheinander die
anderen Gemüsesorten dazugeben. Jede Schicht leicht salzen und pfeffern. Mit Thymianblüten und den Basilikum-
blättern bestreuen. Mit den restlichen Spinatschößlingen
abschließen. Das Geflügelconsommé aufkochen, den Zuk-
ker hinzufügen und in die Terrine gießen. Zudecken. Mit
5 cl Wasser und dem Mehl einen nicht zu weichen Teig herstellen. Mit diesem Teig den Rand der Terrine bestreichen
und den Deckel damit völlig dicht abschließen. Den Rand
des Teiges mit dem Eigelb, das man mit 1 cl Wasser vermischt hat, bestreichen und zwanzig Minuten in den Backofen stellen.

Präsentation

Diese Terrine auf einer runden Platte zu Tisch bringen, auf
die man eine gefaltete Serviette gelegt hat. Den Dichtteig
vor den Gästen aufbrechen und den Deckel abheben. Ein
köstlicher Gartenduft verbreitet sich.
**Im Spätsommer kann man das Frühlingsgemüse
durch Gemüse der Jahreszeit ersetzen und Wald-
pilze hinzufügen.**

BEUCHELLES

Beuchelles

Für 4 Personen

300 g weiße Bohnen, enthülst (Sorte Coco) - 200 g Kalbsbries, pariert - 2 gehackte Schalotten - 2 dl Sahne - 50 g Butter - 1 Zwiebel, mit 1 Gewürznelke besteckt - 1/2 dl Öl - 1 Bouquet garni - 30 g Speckschwarte, blanchiert - 1 Karotte - Salz, Pfeffer

Garen der Bohnen

Die weißen Bohnen mit der besteckten Zwiebel, dem Bouquet garni, den Schwarten und der Karotte dreißig Minuten in 1,5 l Wasser leise köcheln lassen. Bei der Hälfte der Garzeit salzen und im Wasser beiseite stellen (getrocknete Bohnen einige Stunden in lauwarmem Wasser einweichen).

Garen des Brieses

Das Bries zwei bis drei Stunden in frischem Wasser wässern und das Wasser dreimal wechseln.

Das Bries in 1,5 l kaltes Wasser legen, zwei Minuten kochen lassen, abschrecken und abtropfen. Sorgfältig parieren (Sehnen und Fett) und auf einem Tuch ausbreiten.

Mit dem Tuch bedecken und zwei Stunden unter einem beschwerten Küchenbrett pressen. Kühl stellen. Das Bries in Würfel von 2 cm Seitenlänge schneiden.

Mit ein wenig heißem Öl in einer Pfanne kurz anbraten, salzen und pfeffern. Auf Küchenkrepp abtropfen lassen.

In einer Schwenkkasserolle die Butter zerlassen und die Schalotten andünsten; das angebräunte Bries hinzufügen. Mit 1 dl Kochflüssigkeit von den Bohnen aufgießen, kochen, die Sahne hinzufügen und zu einer guten Konsistenz reduzieren.

Die Bohnen abtropfen lassen und in die Kasserolle geben. Abschmecken.

Präsentation

Auf Blätterteigböden oder in Porzellanförmchen servieren.

Die Beuchelles eignet sich auch als Beilage zum Lammbraten an Wildsauce (siehe Seite 122).

FÈVES À LA SARRIETTE

Puffbohnen mit Bohnenkraut

Für 4 Personen

800 g frische Puffbohnen - 1 dl Geflügelconsommé (siehe Grundtechniken) - 1 dl flüssige Sahne - (Winter-)Bohnenkraut (3 gehackte Blätter und einige Zweiglein mit Blüten) - Salz, Pfeffer

Zubereitung

Die Bohnen enthülsen und von jedem Kern die kleine harte Haut entfernen.

Drei Minuten in gut gesalzenem Wasser blanchieren, in einem Behälter mit Eiswasser abkühlen und abtropfen lassen.

In einer mittleren Schwenkkasserolle die Geflügelbouillon zu sirupartiger Konsistenz einkochen. Die Sahne hinzufügen und reduzieren, bis man eine sämige Sauce erhält. Salzen und pfeffern.

Die Bohnen dazufügen, die Bohnenkrautblätter dazugeben, zwei bis drei Minuten auf schwacher Hitze halten und die Bohnen gut mit dieser Creme überziehen.

Präsentation

Die heißen Bohnen in vier kleine Porzellanförmchen geben. Mit einigen Zweiglein Bohnenkraut mit Blüten dekorieren.

144

SALSIFIS À LA CRÈME

Sahne-Schwarzwurzeln

Für 4 Personen

500 g frische Schwarzwurzeln - 20 g Mehl - 1 Zwiebel, mit 2 Gewürznelken besteckt - 1 Bouquet garni - 2 dl flüssige Sahne - 50 g Butter - 50 g frische Walnußkerne, geschält - 1/2 Zitrone (Saft und Schale) - 10 g Petersilie - Salz, Pfeffer

Zubereitung

Die Schwarzwurzeln mit Handschuhen schälen, damit man keine schwarzen Hände bekommt. In gesäuertem Wasser waschen.

Mit 2 l Wasser, der Zitronenschale, dem Mehl, der besteckten Zwiebel und dem Bouquet garni einen weißen Roux (siehe Grundtechniken) zubereiten.

Die Schwarzwurzeln in 6 cm lange Stücke schneiden und in dem Roux je nach Größe fünfzehn bis fünfundzwanzig Minuten garen. Abschrecken und abtropfen lassen.

In einer Kasserolle die Schwarzwurzeln mit der Sahne aufgießen und reduzieren, bis die Stücke mit Sauce überzogen sind. Nach Geschmack salzen und pfeffern.

Präsentation

Die Schwarzwurzeln auf Teller geben, mit der Petersilie und den Walnußkernen bestreuen.

Diese Schwarzwurzeln passen gut zur Lammkeule am Spieß (siehe Seite 120).

NAVETS CONFITS, AU BEAUMES-DE-VENISE

Glacierte weiße Rüben an Beaumes-de-Venise

Für 4 Personen

4 mittlere weiße Rüben - 20 g Petersilie, gehackt - 5 cl geklärte Butter - 1 Flasche Beaumes-de-Venise - 20 g frische Butter - Salz, Pfeffer

Zubereitung

Die Beaumes-de-Venise zu sirupartiger Konsistenz einkochen. Die Butter in diese Reduktion einarbeiten. Warm stellen. Die Rüben schälen, waschen und rundschnitzen. In gleichmäßige Scheiben von 2 mm Dicke schneiden. Drei Minuten in schwach gesalzenem kochendem Wasser blanchieren. Sofort in Eiswasser abkühlen. Abtropfen lassen und auf einem Tuch trocknen.

In einer großen Pfanne mit der geklärten Butter anbräunen. Salzen und pfeffern und mit der gehackten Petersilie bestreuen. Vorsichtig arbeiten, damit die Rübenscheiben ganz bleiben.

Einen mittleren Schöpflöffel von 6 cm Durchmesser mit den Rübenscheiben auskleiden und unter leichtem Drücken mit den restlichen Scheiben füllen.

Diese Halbkugel auf einen kleinen Teller stürzen, mit Aluminiumfolie bedecken und warm stellen. In derselben Weise mit den drei restlichen Garnituren verfahren.

Präsentation

Die kleinen glacierten Rübchenkugeln mit der Beaumes-de-Venise-Reduktion überziehen und sofort zu Tisch bringen.

Pieter Aertsen,
Gemüseauslage.

PURÉE SOUBISE GARNIE D'UNE GRILLE DE POMMES DE TERRE ET D'OIGNONS NOUVEAUX GLACÉS

Zwiebelpüree, garniert mit gegrillten Kartoffeln und mit jungen glacierten Zwiebeln

Für 4 Personen

500 g weiße Zwiebeln - 320 g Butter - 1 dl Sahne - 300 g Kartoffeln - 120 g junge Zwiebeln - 10 g Zucker - 10 g glatte Petersilie, gehackt - 5 cl Öl - Salz, Pfeffer

Zubereitung der Zwiebeln

Am Vortag

Die weißen Zwiebeln schälen und feinhacken. In einem gußeisernen Topf die Zwiebeln und 300 g Butter aufeinander schichten, bis der Vorrat verbraucht ist. Jede Lage salzen und pfeffern, mit Butterbrotpapier bedecken, dicht verschließen und vierundzwanzig Stunden im 100° C heißen Backofen im Wasserbad garen. Der Topf muß zu drei Vierteln eingetaucht sein; dies während des Garens prüfen.

Am selben Tag: Die Sahne zu sämiger Konsistenz reduzieren. Die Zwiebeln abtropfen und zu homogener Konsistenz verarbeiten. Abschmecken und warm stellen.

Die noch warme Masse pürieren und unter die reduzierte Sahne ziehen, abschmecken und warm stellen.

Zubereitung der Kartoffeln

Die Kartoffeln schälen, waschen und abtrocknen und *en julienne* schneiden. Salzen und pfeffern.

In einer Pfanne mit dem heißen Öl mit einer Gabel vier Küchlein formen, von beiden Seiten anbraten, auf Küchenkrepp abtropfen lassen und warm stellen.

Zubereitung der jungen Zwiebeln

Schälen und das Grün 2 cm lang stehen lassen. Die Zwiebeln flach in eine kleine Schwenkkasserolle geben. Mit Wasser knapp bedecken, salzen und pfeffern. 20 g Butter und den Zucker hinzufügen und aufkochen. Mit Pergamentpapier bedecken und garen, bis alle Kochsäfte verdunstet sind. Die jungen Zwiebeln vorsichtig mit der karamelisierten Masse überziehen. Beiseite stellen.

Präsentation

Das sehr heiße Zwiebelpüree in der Mitte von vier kleinen Tellern anrichten und mit der gehackten Petersilie bestreuen. Die Kartoffelküchlein darauflegen, mit fünf jungen glacierten Zwiebeln umlegen, die mit einem Netz Zwiebelbutter miteinander verbunden sind.

Das Zwiebelpüree paßt zu Fisch sowie zu Lamm- oder Kalbskoteletts.

Anonymer Meister, *Küchenstilleben mit einer Darstellung des Emmauschristus (Ausschnitt).*

OIGNONS FARCIS AUX CHAMPIGNONS

Zwiebeln mit Pilzfüllung

Für 4 Personen

4 weiße Zwiebeln à 100 g - 100 g Champignons, gewaschen, von den Stielen befreit, gehackt - 1 gehackte Schalotte - 1 gehackte Knoblauchzehe - 10 g frische Korianderblätter und 10 zerstoßene Korianderkörner - 40 g Butter - 1/2 l entfettete Pot-au-feu-Bouillon (siehe Grundtechniken) - 100 g Fleisch oder Fisch („nach Geschmack") - 10 g Zucker - Salz, Pfeffer - Aluminiumfolie

Zubereitung der Zwiebeln

Backofen auf 180° C vorheizen.

Die Zwiebeln schälen und unten abschneiden. Einen Deckel abschneiden, mit einem Kugelausstecher aushöhlen, ohne sie zu durchbohren. Zwei Minuten in kochendem Salzwasser blanchieren und sofort in Eiswasser abkühlen.

Die ausgestochene Masse feinhacken und beiseite stellen.

Eine mittlere Schwenkkasserolle ausbuttern. Die Zwiebeln und den Deckel abtropfen lassen. Die Zwiebeln innen und außen pfeffern und zuckern, mit einer Kugel Alufolie füllen, damit sie während des Garens ihre Form behalten, und in die Schwenkkasserolle geben.

Mit der Pot-au-feu-Bouillon begießen, aufkochen lassen, mit Butterbrotpapier bedecken und fünfunddreißig Minuten im Backofen garen. Warm stellen.

Zubereitung der Füllung

Das Fleisch bzw. den Fisch in kleine Würfel von 2 cm Seitenlänge schneiden. In einer mittleren Schwenkkasserolle Zwiebelmasse, Champignons, Schalotte, Knoblauch, Korianderkörner und das Fleisch bzw. den Fisch in 20 g Butter andünsten. Salzen und pfeffern. 15 Minuten auf schwacher Hitze unter gelegentlichem Rühren garen. Nach Ende der Garzeit die Korianderblätter hinzufügen.

Fertigstellung und Präsentation

Die Zwiebeln abtropfen lassen, die Aluminiumkugeln vorsichtig herausnehmen, mit der Farce füllen, mit einem Kaffeelöffel Kochflüssigkeit überziehen und die Deckel aufsetzen.

Die Zwiebeln auf eine Platte anrichten und mit der restlichen Kochflüssigkeit begießen. Fünfzehn Minuten in den Backofen stellen und häufig begießen. Auf der Platte zu Tisch bringen.

Diese gefüllten Zwiebeln passen zum gegrillten Lachs (siehe Seite 84).
Weiße Zwiebeln sind angenehmer im Geschmack, süßer und weniger scharf als gelbe Zwiebeln.

BEIGNETS DE CHOU-FLEUR

Blumenkohlbeignets

Für 4 Personen

1 kleiner weißer Blumenkohl - 12 gewaschene und getrocknete Blätter Raukenkohl - 1 l Fritieröl - Saft von 1/2 Zitrone
Ausbackteig: 125 g Mehl - 125 g Stärkemehl - 10 g Backpulver - Thymianblüten - 2 g Paprika - 5 g Sesamsamen - 1 cl Olivenöl - 5 Eiweiß, steif geschlagen - Salz, Pfeffer

Zubereitung des Blumenkohls

Den Blumenkohl zu kleinen Röschen zerpflücken. Waschen, abtropfen lassen und in gesalzenem, leicht gesäuertem Wasser bei starker Hitze garen. Mit einem Messer Garprobe machen, abtropfen lassen, abkühlen lassen und auf einem Tuch trocknen.

Zubereitung des Ausbackteigs

Das Mehl und das Stärkemehl durchsieben und miteinander vermischen. Backpulver, Paprika, Sesamsamen, Thymianblüten, Olivenöl und 1 dl Wasser hinzufügen. Salzen und pfeffern.
Etwa eine Stunde an einem mäßig warmen Ort ruhen lassen. Vorsichtig die Eiweiß unterheben.

Fertigstellung und Präsentation

Das Fritieröl erhitzen. Die Blumenkohlröschen und die Raukenkohlblätter knapp mit Ausbackteig überziehen.
In das heiße Fritierbad tauchen. Sobald die Beignets eine schöne Farbe angenommen haben, abtropfen lassen und auf Küchenkrepp trocknen. Auf einer warmen Serviette, die man auf einen Teller gebreitet hat, zu Tisch bringen.

Spanische Schule, 17. Jh., *Stilleben mit Karde und Kohl.*

SOMMITÉS DE CHOU-FLEUR À LA POLONAISE ET CARDONS À LA MOELLE

Blumenkohlröschen polnische Art mit Karden und Mark

Für 4 Personen

1/2 Blumenkohl - 3 Stangen Karden oder Stangensellerie - 80 g Rindermark - 2 Eier - 10 g gehackte Petersilie - 7 cl weißer Essig - 60 g Butter - 1/2 Zwiebel, mit einer Gewürznelke besteckt - 2 Zitronen - 3 dl Geflügelbouillon (siehe Grundtechniken) - 30 g Speckscheiben - 10 g feines Paniermehl - 1 dl Bratenjus - 20 g Mehl - Salz, Pfeffer

Zubereitung der Karden

Backofen auf 150° C vorheizen.
Handschuhe anziehen, damit man keine schwarzen Hände bekommt. Die Karden waschen und in 6 bis 7 cm lange Stücke schneiden. Die Fasern mit einem Messer entfernen, in leicht gesäuertem Wasser aufbewahren. 20 g Mehl in 1 dl kaltem Wasser auflösen, 2 l Wasser, Saft von einer Zitrone und Salz hinzufügen. Unter Rühren zum Kochen bringen. Die Karden darin dreißig Minuten garen.
In einer Schwenkkasserolle 30 g Butter zerlassen, die abgetropften Karden, Zwiebel, Bratenjus und Geflügelbouillon hinzufügen. Mit Speckscheiben bedecken und vierzig Minuten auf die mittlere Schiene des Backofens stellen.

Zubereitung der polnischen Sauce

Während dieser Zeit die harten Eier kochen. Unter kaltem Wasser schälen. Eiweiß und Eigelb getrennt hacken, mit der Petersilie vermischen, salzen und pfeffern.

Zubereitung des Blumenkohls

Den Blumenkohl putzen, waschen, mit einer halben Zitrone einreiben und in sehr kleine Röschen zerpflücken. Zwei Minuten in kochendem Salzwasser pochieren. Die Röschen müssen noch leicht knackig sein. Kochvorgang durch Zugießen eines Glases kalten Wassers abbrechen. In der Kochflüssigkeit warm stellen.

Fertigstellung und Präsentation

Das Mark sechs Minuten im Salzwasser pochieren. Die abgetropften Blumenkohlröschen in der Mitte einer viereckigen Platte anrichten und mit der Mischung von gehackten Eiern und Petersilie bestreuen.
Die restliche Butter in einer Kasserolle zerlassen, bis sie schaumig und braun ist, und das Paniermehl rösten; über den Blumenkohl gießen: Dies ist die „polnische Art".
Die Karden abtropfen lassen, um die Röschen legen, mit der reduzierten Kochflüssigkeit überziehen und das warme Mark darauf verteilen. Die Markscheiben aus der Mühle leicht überpfeffern.
Dieses Gericht bildet die Beilage zu den Truthahnbrüsten (siehe Seite 110).

RAGOÛT D'ABATS DE CHOU
ET DE LÉGUMES, SAUCE CRÈME

Kohlrippen- und Gemüseragout
an einer Sahnesauce

Für 4 Personen

1 kleiner Grünkohl - 2 Salatköpfe - 1 Knollensellerie mit den Stengeln - 4 zarte Artischocken - 1 Zitrone - 6 blanchierte Speckschwarten - 30 g Schweineschmalz - 1 Karotte - 1 Zwiebel - das Weiße einer Lauchstange - 2 zerdrückte Knoblauchzehen - 2 Schalotten - 1 Selleriestange - 1 Bouquet garni - 5 dl Geflügelbouillon (siehe Grundtechniken) - 1,5 dl flüssige Sahne - 10 g glatte Petersilie, gehackt - 10 g Estragon, gehackt - Salz, Pfeffer

Zubereitung der Kohlrippen und des Gemüses

Backofen auf 150° C vorheizen.

Den Strunk des Grünkohls wegschneiden, die Blätter ablösen und nur die Rippen aufbewahren.

Die grünen Stengel der Sellerieknolle abnehmen, putzen, mit einem Sparschäler schälen und in 3 cm lange Stücke schneiden.

Die Strünke der zwei Salate mit dem Herz entfernen. Die Blätter ablösen. Die zartesten für einen Salat aufbewahren.

Den Stiel der Artischocken abbrechen und schälen. Die Spitzen der Blätter abschneiden.

Alles Gemüse waschen, fünf Minuten in gesäuertem kochendem Salzwasser blanchieren. Die Artischocken 35 Minuten länger garen.

Eine tiefe Kasserolle mit den Speckschwarten auskleiden. Das Schmalz in einer großen Pfanne zerlassen, das *en matignon* geschnittene Gemüse andünsten und auf die Speckschwarten legen; die Kohl- und Salatstrünke vierteln. Salzen, pfeffern, Bouquet garni und Knoblauch hinzufügen und mit der Geflügelbouillon begießen. Aufkochen und bedeckt im Backofen 45 Minuten garen. Während des Garens begießen.

Die großen Artischockenblätter entfernen. Den mittleren Kegel zarter Blätter aufbewahren. Das Heu von den Böden entfernen.

Fertigstellung und Präsentation

Die geschmorten Rippen und die geviertelten Artischockenböden in einen Schmortopf legen. Mit der Sahne begießen, auf sämige Konsistenz reduzieren, so daß alle Zutaten überzogen sind. Abschmecken, Estragon und Petersilie hinzufügen. Auf einer Gemüseplatte anrichten und die zarten Artischockenkegel darauf verteilen.

James Ensor,
Stilleben mit Kohl.

FEUILLES DE CHOU AUX ESCARGOTS „CHOU FARCI"

Kohlblätter mit Schnecken, „gefüllter Kohl"

Für 4 Personen

1 schöner Grünkohl à 600 g - 60 Schneckenzungen - 1 l Geflügelbouillon (siehe Grundtechniken) - 100 g Champignons, entstielt, gewaschen und en brunoise geschnitten - 2 feingehackte Zwiebeln - 2 feinge- hackte Karotten - 1 Bouquet garni - 4 blanchierte Speckschwarten - 2 feingehackte Knoblauchzehen - 2 feingehackte Schalotten - 1 ganzes Ei und 1 Ei- gelb - 20 g gehackte Petersilie - 70 g Butter - 20 g grobes Salz - 30 g in Milch eingeweichte Semmel- brösel - Salz, Pfeffer

Zubereitung des Kohls

Putzen und die Blätter ablösen. Die Blätter waschen, zwei- mal in gut gesalzenem Wasser blanchieren, um die Farbe zu fixieren. Abschrecken, abtropfen lassen und umgekehrt auf ein Tuch legen. Die Rippen entfernen, pfeffern.

Zubereitung des Ragouts

Die Schneckenzungen abtropfen lassen und mit reichlich Wasser überbrausen. Mit dem Messer feinhacken.
Die Schalotten und den Knoblauch in einer Schwenkkasse- rolle in 50 g zerlassener Butter andünsten. Die Champi- gnons hinzufügen, schnell rühren, die Schnecken dazuge- ben, salzen, pfeffern, fünf bis zehn Minuten garen, bis fast alle Kochflüssigkeit verdampft ist.
Das ganze Ei und das Eigelb, Petersilie und die getrockne- ten Semmelbrösel einarbeiten. Abschmecken und kneten.

Fertigstellung

Backofen auf 140° C vorheizen.
Mit der Hand eine kleine Kugel Füllung formen, in Kohl- blätter einschlagen, mit der Farce überziehen und nochmals mit Kohlblättern bedecken. In dieser Weise fortfahren, bis die Zutaten aufgebraucht sind. Das ganze zu einem schö- nen Kohl formen und kreuzweise binden.
In einer mittleren Schwenkkasserolle die Karotten und die Zwiebeln mit 20 g Butter zehn Minuten dünsten. Den Bo- den des schweren Topfs mit Speck auslegen, die Karotten, die Zwiebeln und das Bouquet garni hinzufügen. Den Kohl daraufsetzen, salzen, mit der Geflügelbouillon begießen, aufkochen und eine Viertelstunde in den Backofen stellen; sehr häufig begießen. Wenn der Kohl sich zu bräunen be- ginnt, mit einer Aluminiumfolie schützen.

Präsentation

Am Ende der Garzeit die Konzentration der Kochflüssig- keit prüfen. Den Kohl vorsichtig aufbinden und ihn im Gartopf oder auf einer Platte zu Tisch bringen.

POMMES DE TERRE MOUSSEUSES AUX FLEURS DE POMMES DE TERRE
(Nach Joseph Favre)

Kartoffelschaum mit Kartoffelblüten

Für 4 Personen

500 g mehlige holländische Kartoffeln - 100 g Crème fraîche - 25 g feine Butter - 20 g gewaschene Kartoffelblüten - 1 dl frische Milch - grobes Salz, Salz, weißer Pfeffer

Zubereitung

Die Kartoffeln schälen, vierteln und in Salzwasser kochen. Abtropfen lassen und eine Weile in der geschlossenen Kasserolle ruhen lassen. Milch und Sahne erhitzen. Die Kartoffeln mit einer großen Küchengabel zerdrücken; die Butter hinzufügen, mit einem Schneebesen weiter bearbeiten und nach und nach die warme Sahne und Milch hinzufügen. Salzen und mit gemahlenem weißem Pfeffer würzen. Kräftig mit dem Schneebesen schlagen, bis das Püree leicht, glänzend und schaumig ist. Unverzüglich zu Tisch bringen, ohne die Kasserolle wieder zuzudecken.

Präsentation

Das Püree mit den Kartoffelblüten verzieren, sofern vorhanden.
Die Kartoffeln vor dem Verarbeiten nicht trocken und kühl werden lassen. Nicht zu sehr schlagen, damit das Püree nicht zäh wird. Das Püree kann nicht mehr erwärmt werden.

Dieses vorzügliche Püree paßt zum Beispiel zur Ente mit Schweinsfüßen (siehe Seite 112).

POMMES DE TERRE EN ROBE DES CHAMPS AU CAVIAR

Kartoffeln im Schlafrock mit Kaviar

Für 4 Personen

8 gleichmäßige Kartoffeln mittlerer Größe - 1,5 dl Crème fleurette - 40 g Kaviar - Saft von 1/2 Zitrone - 5 cl geschlagene Sahne - 1 Bund Schnittlauch, feingehackt - Salz, Pfeffer

Zubereitung der Kartoffeln

Backofen auf 180° C vorheizen.
Die Kartoffeln sorgfältig waschen und abtrocknen. In Aluminiumfolie einhüllen und 1 1/4 Stunden im Backofen garen.
Inzwischen die Sahne in einer mittleren Schwenkkasserolle zu sämiger Konsistenz reduzieren. Warm stellen.
Die Kartoffeln mit einer Messerspitze prüfen. Wenn die Klinge ohne jeden Widerstand eindringt, aus dem Backofen nehmen, die Aluminiumfolie entfernen und jede Kartoffel der Länge nach halbieren. Die Masse mit einem Eßlöffel herausnehmen. Die Schale aufbewahren.
Die Kartoffelmasse mit einer Gabel grob zerdrücken. Salzen, pfeffern, mit ein wenig Zitronensaft befeuchten, mit der reduzierten Sahne und dem Schnittlauch vermischen.
Die Kartoffelschalen mit dieser Masse füllen und mit Aluminiumfolie bedeckt einige Augenblicke im heißen Backofen erhitzen.

Präsentation

Die Kartoffeln auf einer warmen Platte anrichten.
Den Kaviar vorsichtig unter die geschlagene Sahne heben und jede Kartoffel mit einem Löffel Kaviarsahne bedecken.

Laurent Adenot,
Die Armenmahlzeit.

Käse

Vincenzo Campi, *Die Ricotta-Esser*.

FROMAGES DE CHÈVRE PANÉS, AUX PISTACHES ET FARCIS AUX RAISINS

Panierter Ziegenkäse mit Pistazien, mit Weinbeeren gefüllt

Für 4 Personen

2 Ziegenfrischkäse à 60 g - 4 schöne weiße Weinbeeren - 3 cl Marc de Bourgogne - 80 g gehackte Pistazien - 1 kleiner gemischter Salat (Eichblatt, Rauke, Frisée) - 3 cl Walnußöl-Vinaigrette - 1 gemischtes Sträußlein Kerbel, glatte Petersilie und frischer Koriander - Salz, Pfeffer

Zubereitung

Die Weinbeeren schälen, entkernen und mit dem Marc begießen. Zehn Minuten ziehen lassen.
Die frischen Ziegenkäse zerdrücken, salzen und pfeffern.
Vier Kugeln mit einer Weinbeere in der Mitte formen.
Eine Stunde kühl stellen.
Die Kugeln in den gehackten Pistazien wälzen. Kühl stellen.

Präsentation

Auf jedem Teller den gemischten und gewürzten Salat anrichten.
Mit den gemischten Kräutern bestreuen. Die Käsekugeln halbieren und vor dem Salat auf den Teller geben.

BRIE DE MEAUX FARCI AUX NOIX, NOISETTES ET RAISINS SECS

Brie de Meaux mit Walnüssen, Haselnüssen und Weinbeeren gefüllt

Für 30 Personen

1 ganzer reifer Brie, weich, nicht laufend, von blaßgelber Farbe - 8 frische Ziegenkäse à 60 g - 150 g geknetete Butter - 2 dl Crème fraîche - 100 g gehackte Walnüsse - 100 g geröstete Haselnüsse, geschält, gehackt - 100 g Sultaninen - Salz, Pfeffer

Zubereitung

Am Vortag

Die Ziegenkäse mit der gekneteten Butter mischen. Sahne, Walnüsse, Haselnüsse und Sultaninen einarbeiten. Diese Masse salzen und pfeffern.
Den Brie in der Mitte quer durchschneiden. Auf die eine Hälfte die Masse mit einer Spachtel völlig glatt aufstreichen.
Mit der anderen Käsehälfte bedecken. Mit leichtem gleichmäßigem Druck festdrücken und den Käse mit Aluminiumfolie fest umhüllen.
24 Stunden an einem kühlen Ort ruhen lassen.

Präsentation

Den ganzen gefüllten Brie auf einer runden Platte auf einer Strohmatte servieren, wie sie die Käsehersteller benutzen.

Zu diesem gefüllten Käse kann man Nußbrotscheiben, eine warme Brioche mit Kartoffelmasse, einige Trockenfrüchtel und kleine Apfelviertel oder geschälte und entkernte Weinbeeren reichen.
Dieses Rezept eignet sich für einen Empfang, für ein Picknick mit vielen Gästen, doch kann man auch je nach der Zahl der Gäste nur ein Viertel oder einen halben Brie füllen.

François Bonvin,
Stilleben mit Brie.

FROMAGE BLANC AU BLÉ VERT

Quark mit Grünkern

Für 4 Personen

*100 g Grünkern - 200 g abgetropfter Quark - 1/4 l
Milch - 1 Knoblauchzehe - 4 blanchierte Salbeiblätter - 8 Scheiben Nußbrot - 5 g Salz, Pfeffer*

Zubereitung

Den Grünkern in einem tiefen Topf mit der Milch kochen,
bis er aufplatzt. 30 g beiseite stellen. Zehn Stunden an
einem warmen Ort gären lassen.

Die Knoblauchzehe in Wasser pochieren, bis sie gar ist.

Die vergorene Milch durchpassieren, 20 g beiseite gestellten
Grünkern pürieren und mit der Milch vermischen. Den
Knoblauch hinzufügen.

Den Quark einarbeiten, salzen und pfeffern.

Die Brotschnitten mit dieser Masse bestreichen, mit Salbeiblätter und einigen Grünkernkörnern dekorieren.

Pieter Brueghel der Jüngere, *Schnittermahlzeit.*

CAILLÉ AU VIN BLANC

Sauermilch mit Weißwein

Für 4 Personen

*1/2 l rohe Milch - 3 dl Weißwein - 1 Gewürznelke - 2
Zweiglein Mayoran - 2 Artischocken - 2 Knoblauchzehen - Pfefferkörner*

Zubereitung

Am Vortag

Das Heu aus den Artischocken herausnehmen. Dieses in
ein Mulltuch einhüllen und in die rohe Milch tauchen. Über
Nacht bei Küchentemperatur (etwa 23° C) die käsigen Be-
standteile gerinnen lassen.

Den Weißwein mit der Gewürznelke und dem Pfeffer auf
die Hälfte reduzieren. Abkühlen lassen.

Am nächsten Tag

Das Mulltuch mit dem Artischockenheu vorsichtig herausnehmen; die Milch muß geronnen sein. Sorgfältig mit dem
Weißwein vermischen. In Glas- oder Porzellanförmchen
geben und mit Majoranblüten bestreuen.

Mit Landbrotscheiben servieren, die man mit Knoblauch
eingerieben hat.

DESSERTS

John Henry Lorimer, *Tischgebet — das Fest der Großmutter.*

EAU DE FRAISES DES BOIS AVEC SON BAVAROIS

Walderdbeerensaft mit Crème Bavarois

Für 4 Personen

*350 g Walderdbeeren - 3 Gelatineblätter, in kaltem
Wasser eingeweicht - 200 g Sahne - 50 g Zucker
Walderdbeerensaft: 200 g Walderdbeeren - 100 g
Zucker*

Zubereitung der Creme Bavarois

Mit 150 g Walderdbeeren im Mixer einen Coulis herstellen.
50 g des Coulis erwärmen und die erweichte und abgetropfte Gelatine einarbeiten. Wenn sie sich aufgelöst hat, den
restlichen Coulis und den Zucker hinzufügen.
Die Sahne sehr steif schlagen und vorsichtig unter den Coulis heben. Diese Masse in vier runde Edelstahlförmchen von
5 cm Durchmesser und 4 cm Höhe füllen. In den Kühlschrank stellen.

Zubereitung des Walderdbeerensafts

In einer mittleren Kasserolle das Wasser mit dem Zucker
aufkochen. Vom Feuer nehmen und die Walderdbeeren
hinzufügen. Ziehen lassen und abkühlen lassen.
Diese Zubereitung vorsichtig durch ein mit einem Mulltuch
ausgekleidetes Spitzsieb filtrieren.
Den so erhaltenen Walderdbeerensaft beiseite stellen.

Präsentation

Die Walderdbeerencreme auf
die Mitte der Teller geben. Die
Edelstahlförmchen mit einem
heißen Tuch umgeben und abheben. Die Erdbeercreme garnieren und mit 1 bis 2 Eßlöffeln Erdbeersaft umgießen.
Den restlichen Walderd-
beerensaft in gut gekühlten,
durchsichtigen Tassen servieren.

GELÉE DE GROSEILLES À MAQUEREAUX, FRAISES DES BOIS ET CITRON VERT

Stachelbeergelee mit Walderdbeeren und grüner Zitrone

Für 4 Personen

*1 kg Stachelbeeren (oder rote oder weiße Johannis-
beeren) - 750 g Zucker - 2 grüne Zitronen, gewaschen und abgetrocknet - 500 g Walderdbeeren
Katzenzungen: 220 g Butter - 150 g Zucker - 3 ganze
Eier - 1/4 Vanillestange - 200 g Mehl*

Zubereitung des Gelees

Die Beeren waschen, auf einem Tuch trocknen und mit 1 dl
Wasser in einen Einmachtopf geben. Aufkochen und zehn
Minuten köcheln lassen, damit die Beeren aufplatzen.
Durch ein Spitzsieb passieren, das man mit einem feinen
Tuch ausgekleidet hat.
Den Zucker hinzufügen, aufkochen, sorgfältig abschäu-
men, Hitze verringern und zu einem Sirup von 28 Baumé
einkochen (Zuckerwaage verwenden).
Vom Feuer nehmen und ein wenig abkühlen lassen.

Zubereitung der Katzenzungen

Backofen auf 180° C vorheizen.
Im Mixer 200 g Butter, Zucker, die Samen der Vanillestange, nach und nach die Eier, gesiebtes Mehl verarbeiten und
eine Stunde ruhen lassen.
Ein Backblech mit der restlichen Butter einfetten. Mit
einem Spritzbeutel mit kleiner runder Düse 5 cm lange
Stäbchen formen. Sieben bis acht Minuten im Backofen
backen.
Das Blech herausnehmen, die Katzenzungen mit einer Spatel abheben, beiseite stellen.

Fertigstellung und Präsentation

Das Gelee in eine gläserne Kompottschüssel gießen und
anziehen lassen. Kurz vor dem Servieren das Gelee mit den
Walderdbeeren und der geriebenen Schale der grünen Zitrone bedecken. Dazu die Katzenzungen reichen.
Man kann einige Katzenzungen mit einer Schicht Schokolade überziehen, die man bei 30° C zerlassen hat.

Adriaen Coorte,
Erdbeeren und Stachelbeeren.

AMANDES GRILLÉES
AU SUCRE TOURNÉ (PRALINES)

Geröstete Mandeln mit Kristallzucker

Für 4 Personen

*200 g geröstete Mandeln - 200 g Zucker und 8 cl
Wasser - 1/2 Vanillestange - 25 g Gummiarabikum
(aus der Apotheke) - 2,5 cl lauwarmes Wasser*

Zubereitung der gebrannten Mandeln

In einem sehr sauberen Kupferpfännchen Wasser, Zucker
und Vanille auf 106° C erhitzen. Die Hälfte der Menge beiseite stellen, auf 115° C erhitzen (schwacher Flug) und die
gerösteten Mandeln hinzufügen. Die Hitze verringern. Die
Mandeln mit einer Spatel durchrühren, damit der Zucker
mürbe, trocken und sandig an den Mandeln haftet.

Wenn die Mandeln zu knacken beginnen, abseits vom
Feuer kräftig rühren, bis der Zucker zu kristallisieren beginnt.

Die Mandeln auf ein weitmaschiges Sieb schütten. Gut abtropfen lassen und die kleinen Zuckerbruchstücke aufbewahren.

Das Kupferpfännchen sorgfältig reinigen. Zwei Drittel der
beiseite gestellten Masse aufkochen, auf 115° C bringen
und die kleinen Zuckerstückchen hinzufügen. Schmelzen
lassen, die abgetropften Mandeln hinzufügen und nochmals wie oben verfahren. Diese Arbeitsgänge mit der restlichen beiseite gestellten Masse ein drittes Mal wiederholen.

Beim dritten Mal den in lauwarmem Wasser zerlassenen
Gummiarabikum hinzufügen, der den gebrannten Mandeln
den Glanz gibt.

Präsentation

Diese gebrannten Mandeln zu Desserts reichen.

*Wenn diese gebrannten Mandeln als Rezeptbe-
standteil verwendet werden, empfehle ich gebrannte
Mandeln Mazet de Montargis zu kaufen.*

Willem Claesz Heda,
Frühstück mit einer Brombeerpastete.

TOURTE AUX MÛRES AU SUCRE GLACE

Brombeerpastete mit Zuckerglasur

Für 4 Personen

250 g Blätterteig (siehe Seite 206) - 250 g Brombee-
ren - 20 g Butter - 3 cl Wasser - 20 g Zucker - 100 g
geschlagene Sahne - 40 g zerstoßene gebrannte
Mandeln (siehe Seite 168) - 1 Schuß Bittermandelöl -
20 g Zuckerglasur
Creme Patissiere: *1/4 l Milch - 50 g Zucker - 1/2*
Vanillestange - 25 g gesiebtes Mehl - 3 Eier

Zubereitung der Konditorcreme

In einem Gefäß das Mehl mit der Hälfte des Zuckers vermischen, die ganzen Eier hinzufügen und zu einer weißen
Masse schlagen.

In einer mittleren Kasserolle die Milch mit der gespaltenen
Vanillestange und dem restlichen Zucker aufkochen. Unter
die Masse ziehen. Unter ständigem Schlagen wieder auf das
Feuer setzen. Aufkochen und vom Feuer nehmen. Fest mit
Folie verschließen. Abkühlen lassen.

Zubereitung der Pastete

Backofen auf 220° C vorheizen.

Den Blätterteig ausrollen. Einen Kreis von 20 cm Durchmesser und einen Kreis von 18 cm Durchmesser ausschneiden.

Den Kreis mit 18 cm Durchmesser auf das Backblech legen.
Einen Metallring von 14 cm Durchmesser und 1,5 cm Höhe
ganz mit Aluminiumfolie umwickeln. In die Mitte des ersten Teigstücks legen. Den Rand dieses Teigstücks mit
einem Pinsel und ein wenig Wasser befeuchten.

Mit dem Teigstück von 20 cm Durchmesser bedecken. Mit
den Fingern die beiden Teigstücke vorsichtig fest zusam-
mendrücken.

Mit einem kleinen, leicht bemehlten Messer den Rand der
Pastete in regelmäßigen Abständen einschneiden.

Eine Stunde kühl ruhen lassen.

Die Oberfläche der Pastete mit den geschlagenen Eigelben
überziehen. Das Eigelb nicht auf den Rand der Pastete laufen lassen, da sonst der Blätterteig beim Backen nicht steigen kann. Die Oberfläche der Pastete mit einer Gabel verzieren. 25 Minuten im Backofen backen.

Auf einem Gitter abkühlen lassen. Die Pastete vorsichtig
am oberen Rand aufschneiden. Den Hut abnehmen. Den in
Aluminiumfolie eingeschlagenen Ring vorsichtig herausnehmen. Mit einem Löffel nicht ganz gebackene Blätter-
teigreste abkratzen. Beiseite stellen.

Fertigstellung der Pastete

Die Konditorcreme gut schlagen, die steife Sahne unterheben, das Bittermandelöl und die zerstoßenen Mandeln
hinzufügen. Das Innere der Pastete mit dieser Masse garnieren.

In einer Schwenkkasserolle Wasser, Butter und Zucker aufkochen, die Brombeeren darin wälzen und zwei Minuten
lang mit diesem Sirup überziehen. Rasch auf der Creme
verteilen. Den Deckel der Pastete darauflegen und mit
Puderzucker überstäuben.

Präsentation

Die Pastete auf einem hübschen flachen Teller anrichten.
In einer Sauciere den Kochsirup der Brombeeren dazu reichen.

CRÈME BRULÉE DE GRENADE
AU SAFRAN

Safrancreme mit Granatapfelkernen

Für 4 Personen

*4 Eigelb - 60 g Zucker - 125 g Milch - 375 g flüssige
Sahne - 1,5 g Safranstempel - 1 Granatapfel - 100 g
Rohzucker*

Zubereitung

Den Granatapfel halbieren und die Kerne herausnehmen.
Bei Zimmertemperatur in einem Gefäß aufbewahren.
In einer Schüssel die Eigelbe und 40 g Zucker mit einem
Schneebesen kräftig schlagen, bis sie Bänder ziehen.
Milch, Sahne, den restlichen Zucker und die Safranstempel
aufkochen. Den Safran drei bis vier Minuten abseits vom
Feuer ziehen lassen, damit er sein Aroma und seine Farbe
mitteilen kann. Durch ein Spitzsieb geben.
Unter kräftigem Schlagen anfänglich in kleinen Mengen die
Milch und die Safrancreme mit der Mischung von Eigelb
und Zucker vermischen.

Backen

Diese Creme in vier kleine flache feuerfeste Porzellanförmchen von 10 cm Durchmesser gießen. Den Rohzucker auf
die Förmchen geben, kurz unter den Grill stellen, bis man
eine schöne Bernsteinfarbe erhält.

Präsentation

Mit den Granatapfelkernen dekorieren.

Jacques Linard, *Die fünf Sinne*.

SALADE DE PÊCHES CROQUANTES AU SUCRE

Süßer Pfirsichsalat

Für 4 Personen

8 schöne weiße Pfirsiche - 300 g Zucker - Saft von einer Zitrone - 5 cl Grenadine (Granatapfelsirup) - 80 g ganze Mandeln, geschält und geröstet - 1 gespaltene und geriebene Vanillestange
Sirup: 250 g Zucker - 30 g Traubenzucker - 1 cl Wasser

Zubereitung der Pfirsiche

Die Haut der Pfirsiche mit einem kleinen Messer einschneiden und die Pfirsiche zehn bis zwanzig Sekunden in eine Kasserolle mit kochendem Wasser tauchen. In Eiswasser abkühlen, schälen und sorgfältig halbieren.
Die Kerne in ein Mulltuch einschlagen.
Die Pfirsichhälften in eine große Schwenkkasserolle legen, mit 1 l Wasser, dem Zitronensaft und der Grenadine begießen. Den Zucker, Vanille und das Säckchen hinzufügen. Aufkochen. Mit Pergamentpapier bedecken. Etwa fünfzehn Minuten sehr leise köcheln lassen; Kochvorgang überwachen. Abkühlen lassen. Acht Pfirsichhälften herausnehmen, vierteln und auf eine Salatschüssel legen. Kühl stellen, aber nicht in den Kühlschrank.

Zubereitung des Sirups

In einem sehr sauberen Pfännchen 1 dl Wasser, 250 g Zucker und 30 g Traubenzucker aufkochen. Bei starker Hitze auf 154° C bringen. Nicht mehr weiter erhitzen und den Boden der Kasserolle in kaltes Wasser tauchen. Der Zucker muß trotzdem so warm bleiben, daß man eine feine Karamelschicht herstellen kann.

Fertigstellung und Präsentation

Das Innere der sorgfältig abgetropften und mit einem Tuch abgetrockneten Pfirsichhälften mit einer Gabel einstechen. Vollständig in den Sirup eintauchen, abtropfen lassen und auf einer leicht geölten Marmorplatte oder einer anderen kalten Oberfläche abkühlen lassen. Diese „kandierten Früchte" auf die Salatschüssel legen und mit Mandeln bestreuen. Zu Tisch bringen.
Hierzu kann man warme Mandelbisquits reichen.

CHAUSSONS AUX PRUNES

Pflaumentaschen

Für 4 Personen
500 g Blätterteig (siehe Seite 206)
Pflaumenkompott: *500 g Pflaumen - 100 g Zucker -*
5 cl Wasser - 1 Vanillestange
Zum Bestreichen: *1 Eigelb*

Zubereitung des Pflaumenkompotts

Die Pflaumen waschen und entkernen.
Zwanzig Minuten in Wasser, dem Zucker und der gespaltenen Vanillestange kochen. Die Fasern im Inneren der
Vanillestange mit einem Messer herauskratzen. Abkühlen
lassen.

Zubereitung der Strudel

Backofen auf 180° C vorheizen. Den Blätterteig zu einem
gleichmäßigen Rechteck von 5 mm Dicke ausrollen. Mit
einem gewellten Teigausstecher vier Scheiben von 10 cm
Durchmesser ausstechen. Die Ränder der Scheiben mit
einem Pinsel und ein wenig Wasser leicht befeuchten.
In die Mitte jeweils 1 bis 2 Eßlöffel Pflaumenkompott legen. Zu einem Halbmond schlagen und die Ränder dichtdrücken.
Die Taschen auf ein Backblech legen und mit einer Gabel
ein Gittermuster einstechen. Sehr vorsichtig arbeiten, um
den Blätterteig nicht zu durchstechen. Das Eigelb mit 1 cl
Wasser verschlagen und die Taschen mit einem Pinsel bestreichen. Fünfzehn bis zwanzig Minuten in den Backofen
stellen.

Präsentation

Die noch heißen Taschen auf einer Platte zu Tisch bringen.

CLAFOUTIS AUX CERISES

Kirschkuchen

Für 4 Personen
500 g entsteinte Kirschen (Marmotte de l'Yonne) -
100 g Sahne - 100 g Zucker - 2 Eier - 15 g Mehl -
150 g Blätterteig - 15g Kristallzucker - 5 g Salz

Vorbereitung und Backen

Backofen auf 200° C vorheizen.
Den Blätterteig dünn ausrollen und einen Tortenboden von
20 cm Durchmesser ausschneiden. Die Kirschen auf den
Teig legen.
Mehl, Eier, Zucker, Sahne und Salz in einer Schüssel zu
einer homogenen Masse vermischen. Die Kirschen mit der
Masse bedecken und 25 Minuten backen.

Präsentation

Abkühlen lassen, aus der Form nehmen und kurz vor dem
Servieren mit Kristallzucker bestreuen.

Es ist mir nie gelungen, einen guten Kirschkuchen
zu backen; meine Freundin Annie Caen, Mitver-
fasserin dieses Buchs, verwöhnt mich aber immer
wieder mit einem noch warmen Kirsch- oder Rha-
barberkuchen.
Dies ist also ihr Rezept!

Louise Moillon,
Schale mit Kirschen.

SALADE DE RAISINS À LA GLACE POIRE

Traubensalat mit Birneneis

Für 4 Personen

600 g große grüne Trauben - 2,5 dl trockener Weißwein (Aligoté) - 2,5 dl süßer Wein (Côteau-du-Layon) - 4 Gewürznelken - 1/2 Zimtstange - 50 g Zucker
Birneneis: 1/2 l Milch - 6 Eigelb - 75 g Zucker - 150 g Birnenkompott - 1/2 dl Birngeist
Birnenkompott: 300 g Birnen - 1 Zitrone - 100 g Zucker - 1 dl Wasser

Zubereitung des Birnenkompotts

Die Birnen schälen, die Kerne und die harten Fasern entfernen, mit ein wenig Zitronensaft beträufeln, damit sie sich nicht verfärben.
Die Birnen vierteln, in 1 dl Wasser und dem Zucker kochen. Abtropfen lassen und zu einem feinen Kompott mixen.

Zubereitung des Weinsirups

Die beiden Weine, Zucker, Zimtstange und die Gewürznelken aufkochen. Ziehen lassen und in fünfzehn Minuten um ein Drittel reduzieren. Kühl stellen.

Zubereitung des Birneneises

Die Eigelbe und 50 g Zucker kräftig schlagen. Die Milch mit dem restlichen Zucker aufkochen.
Die kochende Milch rasch zu der Mischung schlagen. Diese Creme auf schwacher Hitze garen; mit einer Holzspatel rühren.
Wenn die Creme dicklich wird (bei 92° C garen), durch eine Etamine geben.
Rasch unter gleichmäßigem Schlagen auf Eiswasser abkühlen. Das Kompott und den Birngeist in die lauwarme Creme einarbeiten. In eine Eismaschine geben. Das Eis mit noch weicher Konsistenz herausnehmen und im Eisschrank aufbewahren.

Zubereitung der Trauben

Die Weinbeeren schälen, halbieren und entkernen. Zur Konservierung im Weinsirup beiseite stellen.

Präsentation

Die Traubenhälften auf Tellern anrichten und mit dem Weinsirup bedecken. Eine Kugel Birneneis in die Mitte legen.

BEIGNETS DE CRÈME DE RAISINS AU CHOCOLAT

Traubencremebeignets mit Schokolade

Für 4 Personen

1 l Milch - 10 Eier - 180 g Zucker - 200 g weiße Trauben, geschalt und entkernt - 1 l Traubenkernöl - 20 g Butter
Beignets-Teig: 125 g Mehl - 125 g Stärkemehl - 1 Kaffeelöffel Backpulver - 30 g Zucker - 5 cl Milch - 2 cl Orangenblütensaft - 4 Eiweiß - 5 g Salz
Schokoladesauce: 100 g Bitterschokolade, zerstoßen - 3 dl Milch - 10 g Butter

Zubereitung der Traubencreme

Backofen auf 150° C vorheizen.
Die ganzen Eier mit 100 g Zucker in einer Schüssel schlagen. Die Milch mit dem restlichen Zucker aufkochen.
Die kochende Milch in die Schüssel gießen und vermischen.
Die Masse auf eine gebutterte rechteckige Form geben. Die Trauben gleichmäßig darauf verteilen, im Wasserbad 30 Minuten in den Backofen stellen. Abkühlen lassen, auf eine Marmorplatte stürzen und so in Würfel von 2 cm Seitenlänge schneiden, daß jeder Würfel eine Weinbeere enthält.

Zubereitung des Ausbackteigs

Mehl, Stärkemehl, Backpulver, Salz und Zucker miteinander durchsieben. Orangenblütensaft und die Milch hinzufügen und 30 Minuten bei Zimmertemperatur ruhen lassen. Die Eiweiße sehr steif schlagen und vorsichtig unterheben.

Zubereitung der Beignets

Backofen auf 60° C erhitzen.
Mit einem Löffel einen Cremewürfel nehmen, mit dem Ausbackteig überziehen und in das siedende Öl tauchen. Auf Küchenkrepp trocknen lassen. Im Backofen warm stellen.

Zubereitung der Schokoladesauce

Die Milch aufkochen. Abseits vom Feuer die Schokolade hinzufügen; glatt schlagen, wieder auf schwache Hitze stellen, die Butter einarbeiten und im Wasserbad warm stellen. Die Schokolade darf nicht kochen, damit ihr Aroma erhalten bleibt.

Präsentation

Auf einer runden Platte die Beignets in eine gefaltete Serviette geben. Die Schokoladesauce in einer Sauciere dazu reichen.

Christian Berentz und Ciacinto Brandi, *Der Herbst.*

TARTE À L'ORANGE
AVEC UNE GRILLE EN CHOCOLAT

Orangenkuchen
mit einem Schokoladegitter

Für 4 Personen

400 g süßer Teig (siehe Seite 202)
Orangenmasse: Saft von 3 Orangen - 5 Eier - 50 g
zerlassene Butter - 180 g Zucker
Dekoration: 200 g Kuvertüre - 2 Orangen mit der
Schale, gewaschen, getrocknet - 300 g Zucker - 1/2 l
Wasser

Zubereitung des Orangenkuchens

Backofen auf 220° C vorheizen.
Eine dünne Schicht süßen Teigs in eine leicht ausgebutterte Springform von 20 cm Durchmesser legen. Die Ränder hochziehen und den Teig gleichmäßig zwischen Daumen und Zeigefinger drücken. Kühl stellen.
Den Orangensaft und die Eier in einer Schüssel schlagen. Den Zucker einarbeiten, gut vermischen und die Butter hinzufügen.
Den Kuchenboden mit einer Gabel einstechen, damit sich beim Backen keine Blasen bilden. Die Masse daraufgießen und 35 Minuten in den Backofen stellen. Auf einem Gitter aufbewahren.

Zubereitung der Dekoration

Die Schokolade zerbrechen oder reiben. Im Wasserbad bei einer Temperatur von 30° C schmelzen (man braucht kein Thermometer, wenn man die Oberlippe auf einen Löffel geschmolzene Schokolade legt und diese sich noch leicht kühl anfühlt, ist die Temperatur richtig).
Einen Spritzbeutel mit sehr feiner Düse mit der Schokolade füllen.
Leicht drücken und auf ein Blatt Butterbrotpapier ein schönes Gitter im Durchmesser des Kuchens aufspritzen. An einem kühlen Ort aufbewahren.
Die beiden Orangen in 2 mm dicke Scheiben schneiden und die Kerne entfernen. Die Scheiben zwischen zwei Blätter Butterbrotpapier legen.
Den Zucker und das Wasser in einer großen, flachen Schwenkkasserolle aufkochen. Die Papierblätter mit den Orangenschnitten hineintauchen, die Hitze verringern und 15 Minuten köcheln lassen. Die Orangen im Sirup abkühlen lassen. Eine Stunde abtropfen lassen.

Präsentation

Diesen Kuchen auf einer runden Platte anrichten, die Oberfläche mit einer Rosette der glacierten Orangenschnitten verzieren und zuletzt das Schokoladegitter daraufleg en.

Luis Meléndez,
Orangen und Walnüsse.

ORANGES FARCIES
AVEC UNE CRÈME DE MANDARINE

Gefüllte Orangen mit Mandarinencreme

Für 4 Personen

4 Orangen
Mandarinencreme: *1/2 l Mandarinensaft - 15 g geriebene Mandarinenschalen - 1 Gelatineblatt, in kaltes Wasser eingetaucht - 2 Eiweiß - 75 g Zucker - 3,5 dl geschlagene Sahne - 2 Zuckerwürfel - 2 Orangen, geschält und in Scheiben geschnitten*
Orangengelee: *2,5 dl Orangensaft - 25 g Zucker - 8 g geriebene Orangenschalen - 1 Gelatineblatt, in kaltes Wasser getaucht*

Zubereitung der Orangen

Von jeder Orange einen Deckel abschneiden. Das Fleisch herausnehmen und pressen. Die ausgehöhlten Orangen zwei bis drei Minuten blanchieren, abschrecken, abtropfen lassen, mit Aluminiumfolie füllen und umgekehrt auf einem Gitter trocknen lassen.

Zubereitung der Mandarinencreme

Die Schale einer Mandarine mit den beiden Zuckerwürfeln abreiben. In einer mittleren Schwenkkasserolle ein Drittel des Mandarinensafts erhitzen. Die beiden Zuckerwürfel und die abgetropfte Gelatine, dann die abgeriebenen Schalen hinzufügen. Abkühlen lassen.
Inzwischen 60 g Zucker mit 5 cl Wasser bei 121° C kochen (Temperatur mit einem Zuckerthermometer prüfen). Gleichzeitig die Eiweiße mit 15 g Zucker sehr steif schlagen. Wenn der Zucker fertig ist, vorsichtig unter weiterem kräftigen Schlagen auf die Eiweiße gießen. Diese italienische Meringue bis zum Abkühlen ständig schlagen. Vorsichtig den noch warmen Mandarinensaft und die geschlagene Sahne vermischen. Die italienische Meringue hinzufügen, bis man eine glatte und gleichmäßige Creme hat.
Mit einem Spritzbeutel mit Sterndüse diese Masse in die Orangenschalen füllen. Kühl stellen.

Zubereitung des Orangengelees

Die Hälfte des Orangensafts in einer kleinen Schwenkkasserolle erhitzen. Die abgeriebenen Schalen, die abgetropfte Gelatine und den Zucker hinzufügen. Mit dem restlichen Saft vermischen, abkühlen und vier Dessertteller mit einer dünnen Schicht Orangengelee überziehen. Kühl stellen.

Präsentation

Die Orangen in die Mitte der Teller legen und mit einem Kranz Orangenscheiben umlegen.

NOUGATINE DE POIRES, SAUCE PRALIN

Birnengrillage mit Mandelsauce

Für 4 Personen

50 g Zucker - 6 Birnen (Conférence) - 100 g geklärte Butter

Grillage: 250 g Kristallzucker - 75 g Traubenzucker - 150 g gehackte geröstete Mandeln, warmgestellt - 2 cl Zitronensaft

Sauce Pralin: 1/2 l Milch - 75 g Zucker - 6 Eigelb - 1 cl flüssige Sahne - 40 g Mandelmasse

Zubereitung der Birnen

Die Birnen schälen, vom Kernhaus befreien und längs in sechs Schnitze schneiden. In einer großen Pfanne in der geklärten Butter braten, bis sie eine schöne Farbe angenommen haben. Hitze verringern, mit Zucker überpudern, zudecken und unter häufigem Begießen garen. Die Birnen sind fertig, wenn ein Messer ohne Widerstand eindringt. Auf Küchenkrepp abtropfen lassen. Beiseite stellen.

Zubereitung der Grillage

In einer sehr sauberen Kasserolle[1] Kristallzucker, Traubenzucker und Zitronensaft erhitzen. Von Zeit zu Zeit umrühren, bis der Zucker geschmolzen ist. Aufkochen lassen, bis man eine helle Zuckercouleur bekommt. Die gerösteten und gehackten Mandeln dazugeben. Sofort auf eine Marmorplatte oder ein leicht geöltes Blech gießen. Die noch warme Grillage in mehreren Durchgängen glätten und ausstreichen.

Die Grillage mit einem Metallroller zu einer sehr dünnen rechteckigen Schicht ausrollen, solange sie noch formbar ist. Abkühlen lassen.

Mit einem Teigausstecher 16 8 cm lange und 5 cm breite Rechtecke ausschneiden und an einem trockenen Ort aufbewahren.

Zubereitung der Mandelsauce

Mit der Milch, dem Zucker und den Eigelben eine Crème anglaise herstellen (siehe Seite 178).

Die fertige Sauce durch eine Etamine seihen, die Mandelmasse und die Sahne einarbeiten. Kühl stellen.

Fertigstellung und Präsentation

Die Birnen in feine Scheiben schneiden und in Lagen auf die Grillage-Rechtecke schichten.

Pro Portion drei Rechtecke blätterteigartig aufeinander legen. Mit einem Rechteck aus einfacher Grillage abschließen. Diese Schnitten auf Dessertteller legen und mit einem Eßlöffel Mandelsauce umziehen. Den Rest in einer Sauciere reichen.

Es ist ziemlich schwierig, die Grillage auszustreichen. Wenn dies zu kompliziert erscheint, kann man statt dessen Blätterteigrechtecke nehmen.

1 Um eine Kasserolle wirklich sauber zu machen, muß man 1 dl warmen Essig mit grobem Salz hineingeben. Mit Handschuhen die Wände abreiben. Ausleeren, spülen und die Kasserolle abtrocknen.

Pablo Picasso,
Komposition mit Birnen.

ABRICOTS RÔTIS AUX AMANDES, GLACE PISTACHE

Gebackene Aprikosen mit Mandeln, Pistazieneis

Für 4 Personen

12 schöne reife Aprikosen - 120 g gestiftelte geröste- te Mandeln - 100 g Zucker - 5 cl Wasser - 70 g Butter
Pistazieneis: *150 g Pistazien, geschält und zersto- ßen - 1 l Milch - 12 Eigelb - 180 g Zucker - 1/4 l flüs- sige Sahne*

Zubereitung des Eises

Die Milch mit der Hälfte des Zuckers aufkochen, die Pista- zien hinzugeben und eine Stunde ziehen lassen.
Mit dem restlichen Zucker, den Eigelben und der aromati- sierten Milch eine Crème anglaise herstellen (siehe Seite 178). Wenn die Crème anglaise abgekühlt ist, die Sahne ein- arbeiten. In die Eismaschine geben. Noch etwas weich wie- der herausnehmen.
In das Eisfach stellen.

Zubereitung der Aprikosen

Die Butter in einer Schwenkkasserolle zerlassen, Zucker und Wasser hinzufügen. Die Aprikosenscheiben daraufle- gen, bei mittlerer Hitze karamelisieren und zwei- bis drei- mal wenden. Mit Mandeln bestreuen.

Präsentation

Auf jeden Teller eine Eiskugel geben, mit den warmen Aprikosen umlegen, die man mit dem heißen Zucker aus der Kasserolle begießt.

POIRES RÔTIES AUX AMANDES, NOIX, PISTACHES AVEC GALETTES AU SUCRE ET BEURRE DE POIRE

Gebackene Birnen mit Mandeln und Nüssen, Pistazien mit Zuckerscheiben und Birnenbutter

Für 4 Personen

3 Birnen (Conférence) - Saft von einer Zitrone - 20 g geklärte Butter - 30 g Butter - 30 g zerstoßene Walnußkerne - 20 g rohe zerstoßene Mandeln - 10 g zerstoßene Pistazien - 80 g Puderzucker - 5 cl Wasser - 30 g Glasurzucker - 1 Eiweiß - 120 g Rohzucker - 10 g Birngeist

Zubereitung der Birnen

Die Birnen schälen und vom Kernhaus befreien. Mit ein wenig Zitronensaft begießen, damit sie sich nicht verfärben.

Die Birnen in acht gleichmäßige Schnitze schneiden. Zwanzig Schnitze abnehmen, 7 bis 8 Minuten in der geklärten Butter Farbe annehmen lassen. Auf Küchenkrepp beiseite stellen.

Zubereitung der Nüsse, Pistazien und Mandeln mit Zuckerguß

5 cl Wasser mit 60 g Zucker aufkochen.

Bis zum starken Bruch kochen (etwa 150° C). Den Kochvorgang rasch abbrechen, indem man den Boden der Kasserolle in ein wenig Eiswasser abkühlt. Die Nüsse, die Mandeln und die Pistazien einarbeiten. Diese noch flüssige Masse auf eine Marmorplatte oder ein geöltes Blech gießen. Abkühlen lassen und mit einer Rolle grob zerbrechen. Beiseite stellen.

Zubereitung der Birnenbutter

Die restlichen Birnenschnitze in der Zentrifuge passieren, den Saft aufkochen, 30 g Butter, 20 g Zucker und den Birngeist hinzufügen. Kräftig schlagen. Warm stellen.

Zubereitung der Zuckerscheiben

Vier Ringe von 8 cm Durchmesser auf ein Blech mit glattem Boden legen. 30 g Rohzucker sehr gleichmäßig daraufgeben. Die Ringe wegnehmen und den Zucker unter dem Heizstab des Backofens backen. Das Blech häufig drehen und den Backvorgang sorgfältig überwachen, damit man eine gleichmäßige Karamelfarbe erhält. Abkühlen lassen und diese sehr zerbrechlichen Zuckerscheiben vorsichtig ablösen.

Backofen auf 120° C vorheizen.

Zubereitung der Glace Royale

Den Glasurzucker, das Eiweiß und zwei bis drei Tropfen Zitronensaft innig miteinander vermischen, so daß man eine sehr weiße und gleichmäßige Masse erhält. Diese Glace Royale mit einem Spritzbeutel in einem hübschen Gittermuster auf die karamelisierten Scheiben aufspritzen.

Präsentation

Auf vorgewärmte Teller kreisförmig fünf Birnenschnitze geben. Auf milder Hitze erwärmen. Die zerstoßenen Nüsse, Mandeln und Pistazien auf diese Birnenschnitze geben und mit der Zuckerscheibe abschließen, die man mit der Glace Royale verziert hat. Jedes Gericht mit einer kleinen Spur heißer Birnenbutter umgießen.

Francisco Burgos y Mantilla, *Stilleben mit Trockenobst.*

188

TARTE SEMOULE ET CERNEAUX DE NOIX GLACÉS À LA CREME DE CARAMEL

Grießtorte mit glacierten Walnußkernen und Karamelcreme

Für vier Personen

Süßer Teig: *250 g gesiebtes Mehl - 125 g Zucker - 125 g geknetete Butter - 1 Ei - 5 g Salz*

Grießmasse: *375 g Milch - 65 g feiner Weizengrieß - 50 g Zucker - 1/2 Vanillestange - 35 g Butter - 1 Ei - Saft von einer halben Zitrone - 50 g Rohzucker - 5 g Salz*

Glacierte Haselnüsse mit Karamelcreme: *20 frische Haselnüsse - 100 g Zucker - 1 cl Wasser - 1,5 dl flüssige Sahne*

Zubereitung des süßen Teigs

Mehl, Salz, Zucker, das ganze Ei und die geknetete Butter in einer Schüssel zu einem homogenen Teig vermischen. Nicht zu stark bearbeiten. In ein Tuch eingehüllt an einem kühlen Ort ruhen lassen.

Zubereitung der Nüsse

Die Nüsse vorsichtig knacken, damit die Kerne ganz bleiben. 1 cl Wasser mit dem Zucker in einer kleinen Kasserolle aufkochen, bis der Zucker eine goldgelbe Farbe angenommen hat. Die Kasserolle vom Feuer heben und sehr vorsichtig die Sahne einarbeiten. Innig vermischen und leicht aufkochen lassen. Die Walnußkerne mit dieser Karamelcreme überziehen und auf einem Gitter abtropfen lassen. Abkühlen lassen.

Zubereitung der Grießmasse

Das Innere der halben Vanillestange mit einem Messer auskratzen und alle kleinen Körner herausschaben. In einer mittleren Kasserolle Milch, Zucker und die Vanillekörner aufkochen lassen. Den Weizengrieß einrieseln lassen und 5 bis 7 Minuten unter ständigem Schlagen auf schwacher Hitze garen; dabei Butter und Salz hinzufügen. Abseits vom Feuer das ganze Ei und einige Tropfen Zitronensaft hinzugeben. Sorgfältig miteinander vermischen.

Backen der Torte

Den Backofen auf 180° C vorheizen. Den süßen Teig ausrollen. Die Springform von 20 cm Durchmesser mit dem Teig auslegen. Einen Kreis Butterbrotpapier darauflegen und die Form ganz mit kleinen trockenen Bohnen füllen. 10 Minuten vorbacken. Aus dem Backofen nehmen, die Form, das Butterbrotpapier und die trockenen Bohnen wegnehmen. Diese Teigform mit der Grießmasse füllen und in weiteren 30 Minuten im Backofen fertigbacken.

Präsentation

Den Rohzucker auf die warme Torte streuen. Rasch unter den Heizstab stellen, um eine schöne goldene Farbe zu erzielen. Hübsch mit den glacierten Walnüssen verzieren.

BEIGNETS DE POMMES
À LA FLEUR D'ORANGER

Apfelbeignets mit Orangenblüten

Für 4 Personen

*125 g Mehl - 125 g Stärkemehl - 10 g Backpulver -
20 g Zucker - 1 cl Olivenöl - 1 cl Orangenblütenwasser - 3 Eiweiß - 2 dl warmes Wasser - 3 mittlere
Äpfel (Granny Smith) - 50 g Puderzucker - 5 g Salz*

Zubereitung des Beignetteigs

Mehl und Stärkemehl miteinander sieben. Salz, 15 g
Zucker, Backpulver dazugeben. Sorgfältig miteinander
vermischen.

Mit dem Schneebesen das Olivenöl, das lauwarme Wasser
und das Orangenblütenwasser einarbeiten, bis man eine
homogene Masse erhält. 5 Minuten bei Zimmertemperatur
ruhen lassen.

Die Eiweiße sehr steif schlagen und am Ende 5 g Salz dazugeben. Sorgfältig mit einer Holzspatel unter die vorige
Masse heben. Nicht zu stark bearbeiten, damit das Eiweiß
nicht zusammenfällt.

Zubereitung der Äpfel

Die Äpfel schälen und vom Kernhaus befreien. Ganz lassen, in Scheiben von 2 bis 3 mm Dicke schneiden.

Backen der Beignets

Die Apfelscheiben in den Beignetteig tauchen, überschüssigen Teig abtropfen lassen und vorsichtig in das heiße Fritieröl tauchen. Wenn die erste Seite gebräunt ist, wenden.
Nicht zu viele Beignets auf einmal backen, damit das Öl
nicht abkühlt. Gut abtropfen lassen und auf Küchenkrepp
legen.

Präsentation

Eine Platte vorwärmen, mit einer schönen Serviette
schmücken und die heißen Beignets darauflegen. Mit
Puderzucker bestreuen.

Paul Cézanne,
Grüne Äpfel.

GÂTEAU DE POMMES
AUX ORANGES CONFITES

Apfelkuchen mit kandierten Orangen

Für 4 Personen

*6 mittlere Äpfel (Granny Smith) - 1 Orange - 100 g
Zucker*
Sirup (glacierte Orangenschalen): *80 g Zucker - 1,5
dl Wasser*
Zuckercouleur: *150 g Zucker - 1 dl Wasser*

Zubereitung der Orangenschalen

Am Vortag: Die Orange mit einem Sparschäler von oben
nach unten abschälen (die weiße Haut entfernen, die bitter
ist). Sorgfältig zu einer feinen Julienne schneiden. Zweimal
rasch blanchieren und abschrecken.
In der Zuckercouleur aufsetzen und aufkochen. Sofort abkühlen, indem man den Boden der Kasserolle auf Eiswasser
setzt. Den Vorgang dreimal wiederholen. Die Schalen aus
der Kochflüssigkeit nehmen, auf einem Gitter oder auf
Butterbrotpapier abtropfen lassen. An einem mäßig warmen Ort trocknen lassen.

Zubereitung der Äpfel

Die Äpfel schälen und vom Kernhaus befreien, in feine
Scheiben schneiden.

Zubereitung der Zuckercouleur

Zucker mit dem Wasser aufkochen und auf dem Feuer las-
sen, bis man eine schöne Karamelfarbe erzielt hat. Das
Kochen des Zuckers beenden, indem man die Kasserolle in
Eiswasser stellt. Wenn die Zuckercouleur lauwarm ist und
eine sämige Konsistenz angenommen hat, damit rasch den
Boden und die Wände einer Charlottenform von 10 cm
Durchmesser und 10 cm Höhe überziehen.

Formen des Kuchens

Die Apfelscheiben gleichmäßig überlappend in der ausge-
kleideten Form auslegen. Jede Schicht leicht mit Zucker
und Orangenschalen bestreuen. In dieser Weise fortfahren,
bis man 5 bis 6 cm über der Form ist. Mit Folie überziehen
und 12 Stunden im Kühlschrank ruhen lassen.

Backen des Kuchens

Den Kuchen 7 Stunden bei mäßiger Hitze im Wasserbad
backen und regelmäßig den Wasserstand prüfen. Abkühlen
lassen und 10 Stunden in den Kühlschrank stellen.

Präsentation

Am selben Tag: Den Kuchen aus der Form stürzen. Mit
dem karamelisierten Apfelsaft begießen. Es empfiehlt sich,
zu diesem aromatischen Apfelkuchen eine Sauciere luftiger
Sahne und eventuell ein schwach süßes Apfelsorbet zu
reichen.

GÂTEAU DE RIZ AUX POMMES

Reiskuchen mit Äpfeln

Für 4 Personen

1 l Vollmilch - 75 g Rundkornreis - 125 g Zucker -
10 g Zimtpulver - 30 g Butter - 1 Päckchen Vanillin-
zucker - die Schale einer Zitrone - 2 Eier - 200 g
Apfelmus - 50 g trockene, grobe Semmelbrösel -
30 g Sultaninen - 5 g Salz

Zubereitung und Backen

Backofen auf 160 vorheizen.

Das Apfelmus in einer Kasserolle erhitzen, bis die Flüssigkeit verkocht ist und man ein festeres Mus erhält. Die Milch
aufkochen, 75 g Zucker, Butter, Zimt, Salz, Vanillinzucker
und den Reis dazugeben. Zudecken und in den Backofen
stellen; darauf achten, daß der Reis nicht anbackt.

Abkühlen lassen, die ganzen Eier, Zitronenschalen, die
Hälfte des Apfelmuses und die Sultaninen hinzufügen. In
einem Pfännchen mit 50 g Zucker und einem halben Liter
Wasser eine hellbraune Zuckercouleur herstellen. Eine
Charlottenform mit der Zuckercouleur auskleiden. Die
Wände mit den Semmelbröseln bestreuen, abwechselnd
Lagen Reis und Apfelmus einlegen, bis alles verbraucht ist.
35 Minuten im Backofen backen. Bei Zimmertemperatur
abkühlen lassen. Den Reiskuchen auf eine runde Platte
stürzen. Die Zuckercouleur läuft auf den Teller.

Dieses Rezept erinnert mich an meine Kindheit,
denn zweimal pro Woche bekam ich Riz aux
pommes, und es schmeckt mir heute noch genauso.
Ich bin es niemals überdrüssig geworden!

John George Brown,
Die Mostmühle.

POMMES D'AMOUR

Liebesäpfel

Für 4 Personen

8 Äpfel (Reinette oder Elstar)- 500 g Zucker - 20 cl Wasser - 125 g Traubenzucker - Karmin (Farbstoff)
Hilfsmittel: *1 Schaumstoffwürfel von 10 cm Kantenlänge - 8 lange Holzspieße*

Zubereitung

Den Traubenzucker in einem Kupferpfännchen schmelzen, Zucker und Wasser hinzufügen. Aufkochen lassen und bei 144° C kochen.

Den Zucker unter laufender Zugabe des Karmins färben, bis man den gewünschten Farbton erzielt hat, und bis 154° C weiter erhitzen.

Den Zucker rasch abkühlen, indem man den Boden der Pfanne in ein Gefäß mit Eiswasser taucht, damit der Zucker flüssig bleibt. Die Äpfel auf gewaschene und getrocknete lange Holzspieße stecken und in die Zuckerpräparation tauchen. Einige Augenblicke abtropfen lassen. Sie sind jetzt mit einem hübschen, glänzenden, roten Panzer überzogen. Die Spieße mit den Äpfeln in den Schaumstoffwürfel stecken.

Diese einfache Nachspeise, die sehr hübsch aussieht und köstlich schmeckt, ist ohne Zweifel für die Kinder eine besondere Attraktion.
Man kann dieses Gericht mit einer jeweils entsprechenden Färbung auch mit Weintrauben, Aprikosen, Birnen oder Pflaumen zubereiten.

CRÈME DE FLEUR D'ORANGER AUX AMANDES GRILLÉES

Orangenblütencreme mit gerösteten Mandeln

Für 4 Personen

Orangenblütencreme: *1/2 l flüssige Sahne - 150 g zerstoßene gebrannte Mandeln (siehe S. 168) - 3 cl Orangenblütenwasser*

Mandelmilcheis: *500 g ganze geschälte Mandeln, mit 1/4 l Wasser zerstoßen - 1/2 l lauwarmes Wasser - 6 Eigelb - 90 g Zucker - 125 g flüssige Sahne - 2 Tropfen Bittermandelöl*

Zubereitung der Orangenblütencreme

In einer mittleren Schwenkkasserolle die Sahne um ein Drittel reduzieren, 100 g gebrannte Mandeln hinzufügen und 3 bis 4 Minuten auf schwacher Hitze mit dem Schneebesen schlagen. Vom Feuer nehmen, das Orangenblütenwasser einarbeiten. Zu einer glatten Masse verarbeiten und abkühlen.

Zubereitung des Mandeleises

Das lauwarme Wasser zu den zerstoßenen Mandeln geben. Eine halbe Stunde ziehen lassen und unter starkem Drücken durch ein feines Tuch filtrieren. Dies muß etwa einen halben Liter Mandelmilch ergeben. Aufkochen und das Mandeleis herstellen.

Präsentation

Orangenblütencreme auf 4 Glasschalen verteilen. Mit den restlichen zerstoßenen Mandeln bestreuen. Zu diesem aromatischen Dessert Mandeleis und eine warme Köpfchen-Brioche mit gebrannten Mandeln reichen.

BRIOCHE À TÊTE AUX PRALINES

Köpfchen-Brioche mit gebrannten Mandeln

Für 4 Personen

250 g gesiebtes Mehl - 10 g Bäckerhefe - 20 g Zucker - 145 g Butter - 100 g zerstoßene Mandeln (siehe Seite 168) - 3 Eier und 2 Eigelbe - 5 g Salz

Zubereitung der Brioche

In der Rührschüssel der Küchenmaschine auf mittlerer Geschwindigkeitsstufe Mehl, Salz, Zucker, die ganzen Eier und die zerkrümelte Hefe 10 Minuten kneten.

Der Teig muß sehr glatt und elastisch sein und sich von den Wänden der Schüssel ablösen.

Genau in diesem Augenblick unter weiterem Kneten bei derselben Geschwindigkeit 125 g Butter in kleinen Mengen hinzufügen. Weitere 10 Minuten kneten und die zerstoßenen Mandeln einarbeiten.

Diesen Teig in eine Schüssel legen und mit einem Tuch bedeckt bei Zimmertemperatur in 20 Minuten zur doppelten Größe aufgehen lassen. Wenn man keine Küchenmaschine hat, kann man die Brioche natürlich auch von Hand kneten.

Die gegangene Brioche kräftig abschlagen und erneut zu einer festen Kugel formen. Leicht bemehlen und eine Stunde zugedeckt in einer Schüssel an einem kühlen Ort ruhen lassen.

Ein Fünftel des Teigs für das Köpfchen abnehmen.

Beide Teige zu Kugeln formen. Mit den Fingerspitzen in die Mitte der größeren Kugel eine Vertiefung machen.

In eine gebutterte Teigform legen. Die kleinere Kugel in die Mitte setzen und zu einem Kegel formen.

Das Köpfchen mit einem leicht bemehlten Finger mit dem Teigsockel verbinden.

Backofen auf 220° C vorheizen.

Die Brioche bei Zimmertemperatur auf doppelte Größe gehen lassen. Den Teig mit Eigelb, das man mit 2 cl Wasser verschlagen hat, überziehen und 20 Minuten in den heißen Backofen stellen.

Präsentation

Die Brioche noch warm auf einer hübschen runden Platte servieren.

Beim Gehenlassen des Hefeteigs ist größte Sorgfalt notwendig. Der Teig muß an einem warmen zugfreien Ort mit einem Tuch bedeckt stehen, damit er keinerlei Zugluft ausgesetzt ist.

Jean-Baptiste Siméon Chardin,
Die Brioche.

TARTE TIÈDE AU CHOCOLAT

Warmer Schokoladekuchen

Für 4 Personen
Süßer Teig: 100 g geknetete Butter - 150 g gesiebtes
Mehl - 75 g Zucker - 1 Ei - 5 g Salz
Schokoladenmasse: 150 g Bitterschokoladekuvertü-
re (extra bitter) - 1 ganzes Ei und 2 Eigelbe - 30 g
Zucker - 100 g warme zerlassene Butter
Abrundung: *Puderzucker*

Zubereitung des süßen Teigs

Backofen auf 180° C vorheizen.
In einer Schüssel Mehl, Salz, Zucker, das ganze Ei und die Butter zu einer homogenen Masse vermischen. Mit den Fingerspitzen kneten und nicht zu stark bearbeiten.
45 Minuten in ein Tuch oder in Folie eingehüllt an einem kühlen Ort ruhen lassen. Den Teig abschlagen und damit eine Springform von 20 cm Durchmesser auslegen. Einen Kreis Butterbrotpapier darauflegen und die Form bis zum Rand mit trockenen Bohnen füllen.
In den Backofen stellen und die Kuchenform 12 Minuten vorbacken.
Aus dem Backofen nehmen, auf ein Gitter stellen, die Form, das Butterbrotpapier und die trockenen Bohnen entfernen. Abkühlen lassen.

Zubereitung der Schokoladenmasse

Die Schokolade bei etwa 40° C vorsichtig zerlassen.
Eigelb, Ei und Zucker in einer Schüssel kräftig schlagen, bis diese Masse hell wird. Mit einer Holzspachtel die zerlassene warme Schokolade vorsichtig einarbeiten. Wenn die Masse homogen ist, die zerlassene Butter unter fortwährendem Rühren mit der Spachtel hinzufügen. Die Masse muß ganz leicht und glatt sein.

Backen

Diese Masse sofort in den abgekühlten Kuchenboden gießen und 8 bis 10 Minuten in den auf 150° C vorgeheizten Backofen stellen.

Präsentation

Den Kuchen auf eine Platte geben, mit Puderzucker bestreuen und warm, noch flüssig servieren.

SOUPE CHAUDE DE CHOCOLAT ET PETITES BRIOCHES À TÊTE
(nach Maître Guillot)

Warme Schokoladesuppe mit kleinen Brioches

Für 4 Personen
1 l Milch - 200 g Kuvertüre
Briocheteig: 500 g gesiebtes Mehl - 15 bis 20 g Bäkkerhefe - 40 g Zucker - 6 ganze Eier - 250 g geknetete Butter - 20 g Butter für die Formen - 10 g Salz.
Zum Bestreichen: *2 Eigelb.*

Zubereitung der kleinen Brioches

Wie im Rezept für die Brioche mit gerösteten Mandeln (siehe Seite 200) verfahren. Pro Person 3 Brioches rechnen.

Zubereitung der Schokoladesuppe

Die Schokolade im Wasserbad sehr vorsichtig zerlassen.
Die Milch in der Rührschüssel des Mixers oder von Hand eine dreiviertel Stunde schlagen. Aufkochen und die zerlassene Schokolade hinzufügen. Die Hitze verringern, noch einige Augenblicke leise köchelnd schlagen.
Die Brioches vierteln und unter dem Grillstab des Backofens toasten. In eine Suppentasse legen.

Präsentation

Diese dampfende, exquisit duftende Suppe über die Brioche gießen. Sofort zu Tisch bringen.

Michel Geo,
Principales Exportations d'origine animale et végétale (Triptychon, Tafel 2).

BUNS AUX AGRUMES

Süße Brötchen

Für 4 Personen

375 g Mehl - 10 g Bierhefe - 120 g geknetete Butter, in Stücke geschnitten - 75 g Zucker - 15 g Korinthen - 30 g karamelisierte Zitronen, in Würfel geschnitten - 30 g karamelisierte Orangen, in Würfel geschnitten - 8 g Engelwurz - 2 kleine Eier - 2,5 dl Milch - 6 g grobes Salz, zerstoßen
Zum Bestreichen: *2 Eigelb*

Zubereitung des Teigs

Die Hefe in einem Gefäß in 1 dl lauwarmer Milch mit 30 g Mehl auflösen. Mit einem Tuch bedecken und an einem warmen Ort gehen lassen.

Das restliche Mehl zu einem Kegel sieben, die restliche warme Milch, Salz und Zucker hinzufügen und kneten. Die Eier nacheinander hinzufügen und den Teig wie für eine Brioche kneten.

Unter weiterem Schlagen 100 g Butter hinzufügen.

Diesen Teig mit den Rosinen und den karamelisierten Früchten mit dem ersten Teig vermischen. Diesen langwierigen Vorgang kann man auch mit einer Küchenmaschine erledigen.

Backen

Den Backofen auf 180° C vorheizen. Den Teig in Stücke zu 30 g verteilen, wie Äpfel formen und auf ein gebuttertes Backblech legen. An einem warmen, zugfreien Ort gehen lassen. Wenn die Stücke die doppelte Größe angenommen haben, vorsichtig mit dem geschlagenen Eigelb und 3 cl Wasser bestreichen und 20 Minuten im Backofen backen.

Präsentation

Die Brötchen in einem mit einer hübschen Serviette ausgelegten Körbchen servieren. Sie sind besonders zum Tee sehr beliebt.

Georg Flegel,
Stilleben mit Brot und Zuckerwerk.

FEUILLES DE VIGNE EN FEUILLETAGE

Weinblätter in Blätterteig

Für 4 Personen

Strudelteig: *250 g Mehl - 25 g Butter - 1,2 bis 1,5 dl Wasser - 5 g Salz*
Butterstück: *200 g Butter - 250 g Mehl - 8 g Salz*
Zum Bestreichen: *2 Eigelb*
Garnitur: *100 g Puderzucker*

Vorbereitung des Strudelteigs

225 g Mehl zu einem Kegel sieben, in die Mitte eine Vertiefung machen und Butter, Salz und zwei Drittel des Wassers hineingeben. Vorsichtig miteinander vermischen und nach und nach das Mehl vom Rand des Kegels her einarbeiten. Die Struktur des Strudelteigs mit dem restlichen Wasser einstellen. Er darf weder zu fest noch weich sein. Gegebenenfalls Wasser hinzufügen.

Den Strudelteig zu einer Kugel formen und abwiegen; es muß die doppelte Menge der anschließend benutzten Butter sein.

Den Strudelteig 40 Minuten kühl stellen. Mit einem Teigroller die Butter mehrmals flach ausrollen, damit sie geschmeidig wird.

Vorbereitung des Blätterteigs

Mit einem Teil der 25 g des aufbewahrten Mehls die Arbeitsfläche leicht bestreuen, den Strudelteig darauflegen und bis zur Hälfte der Dicke kreuzförmig einschneiden. Die vier Ecken nach außen ziehen und zu den Enden hin ausrollen. Die bearbeitete Butter in die Mitte des Kreuzes legen.

Die Arme nacheinander schließen. Zu einem schönen Teigviereck formen.

Herstellung des Blätterteigs

Den Teig zu einem gleichmäßigen Rechteck ausrollen. Die beiden Enden einschlagen und in dieselbe Richtung nochmals falten, so daß man vier Teigschichten erhält.

Das Teigstück um ein Viertel drehen, so daß der Falz links liegt. Den Teig erneut ausrollen und zusammenschlagen. 30 Minuten kühl stellen. Man hat damit zwei doppelte Touren geschlagen. Noch zweimal doppelte Touren schlagen und den Teig jeweils dazwischen kühl stellen. Man hat damit insgesamt 6 Touren geschlagen. Theoretisch müßte der Teig jetzt aus 1024 Schichten bestehen. Er kann jetzt weiterverarbeitet werden.

Zubereitung der Weinblätter

Backofen auf 200° C vorheizen.

Auf fester Pappe die Umrisse eines Weinblatts aufzeichnen. Das Weinblatt ausschneiden. Den Blätterteig 3 mm dünn ausrollen.

Die Weinblätter mit Hilfe der Schablone ausschneiden. Auf ein Backblech legen. Die Oberfläche eines jeden Weinblatts mit den beiden Eigelben und 2 cl Wasser bestreichen, jedoch nicht über die Ränder streichen, damit der Teig aufgehen kann.

Die Blattrippen mit einer Messerspitze einzeichnen. Einige Augenblicke kühl ruhen lassen.

Fertigstellung und Präsentation

20 Minuten in den Backofen stellen.

Mit Puderzucker bestreuen und weitere 5 Minuten in den Backofen geben, damit der Zucker eine schöne Farbe annimmt.

Die Weinblätter warm zu guten Desserts reichen.

GRUNDTECHNIKEN

Jus, Fonds oder Bouillons, Consommés (reduzierte und geklärte Fonds) und Fumets sind die Grundlagen der Küche, die man für zahlreiche Rezepte braucht. Ich empfehle, diese Zubereitungen nur sparsam zu salzen, da sie oft sehr stark eingekocht werden.

Da diese Grundzubereitungen in relativ großen Mengen hergestellt werden und nur selten auf einmal verbraucht werden, empfehle ich, sie 2 Stunden in fest verschlossenen Liter- oder Halblitergläsern zu sterilisieren oder sie in kleinen Portionen einzugefrieren.

JUS DE RÔTI

Bratenjus

Zutaten für 3 Liter: 2 kg zerkleinerte Geflügelflügel - 2 kg zerkleinerte Geflügelknochen - 2 kg Kalbsbrust oder Kalbsfuß, in Stücke geschnitten - 3 dl Erdnußöl

Zubereitung

In einer feuerfesten Form die Flügel, die Knochen und die Kalbfleischstücke unter ständigem Rühren goldbraun anbraten. Nach jedem Anbräunen die Stücke sorgfältig abtropfen lassen, um möglichst viel Fett zu beseitigen. Wieder in den Topf geben und mit Wasser knapp bedecken. Aufkochen und 3 bis 4 Minuten bei starker Hitze auf dem Feuer lassen.

Den Jus abgießen und beiseite stellen.

Die Abfälle und die gebräunten Fleischstücke in einen großen Topf geben. Mit Wasser knapp bedecken und 3 Stunden leise köcheln lassen. Durch eine Etamine filtrieren, die beiden Flüssigkeiten miteinander vermischen, auf ein Drittel reduzieren und während der Reduktion abschäumen. Dies muß einen dunklen, sehr aromatischen, nicht bitteren Bratenjus ergeben.

FOND BLANC DE VOLAILLE
(Consommé)

Geflügelfond

Zutaten für 5 Liter: 1 gespaltener Kalbsfuß - 1 mittleres Huhn - 2 kg Geflügelhälse und -flügel - 1 kg zerkleinerte Geflügelknochen - 250 g Karotten - 200 g Zwiebeln - 200 g Birnen - 100 g Sellerie - 1 Bouquet garni - 2 Knoblauchzehen - 3 Gewürznelken, in eine Zwiebel gesteckt - 30 g grobes Salz

Zubereitung

Am Vortag: In einem großen tiefen Topf das Huhn, den Kalbsfuß, die Hälse, die Flügel und die Knochen 3 bis 4 Minuten blanchieren. Abschäumen und das Fleisch abschrecken und sorgfältig abtropfen lassen.

Das Fleisch mit den *en matignon* geschnittenen Gemüsegarnituren, der mit Gewürznelken besteckten Zwiebel, dem Knoblauch, dem Bouquet garni, dem Salz und 7 l Wasser in einem großen Behälter aufsetzen. Aufkochen, die Hitze reduzieren und 3 Stunden leise köcheln lassen. Die Bouillon muß hell, klar und sehr aromatisch sein. Durch eine Etamine passieren, kühl stellen.

Am nächsten Tag: Die Oberfläche der zu einem Gelee erstarrten und vollkommen klaren Bouillon entfetten.

FOND DE GIBIER
(Wildente, Fasan)

Wildgeflügelfond

Zutaten für 2 Liter: 2 zerkleinerte Wildentengerippe - 2 zerkleinerte Fasanengerippe - 1 alter Fasanhahn, ausgenommen und zerkleinert - 150 g Karotten - 100 g Zwiebeln - das Weiße einer Lauchstange - 1 Selleriestange - 2 zerdrückte Knoblauchzehen - 3 grob zerstoßene Pfefferkörner - 3 zerstoßene Wacholderkörner - 1 kleine weiße Zwiebel, mit 2 Gewürznelken besteckt - 1 Bouquet garni - 1 Lauchgrün - 2 l Geflügelconsommé - 5 cl Erdnußöl - 10 g grobes Salz

Zubereitung

Backofen auf 220° C vorheizen.

Die Gerippe und den zerkleinerten Fasan auf einem Backblech auslegen. Mit 3 cl Öl begießen. Im Ofen unter häufigem Wenden anbräunen.

Die Stücke aus dem Ofen nehmen und abtropfen lassen. Das Fett wegwerfen. In einer großen Schwenkkasserolle das *en matignon* geschnittene Gemüse mit dem restlichen Öl anbräunen und abtropfen lassen.

In einem großen Topf Gemüse und Gerippe zusammengeben. Knoblauchzehen, Bouquet garni, Wacholder, mit Gewürznelken besteckte Zwiebel, Salz und Pfeffer hinzufügen. Mit 2 l Wasser und dem Geflügelconsommé aufgießen. Aufkochen lassen. Sorgfältig abschäumen, die Hitze verringern und 2 Stunden köcheln lassen. Durch eine Etamine filtrieren. Abkühlen lassen und vor der Verwendung entfetten.

Man kann einen Wildfond mit Kitz, Frischling oder Hase herstellen, wenn man die Parüren einige Stunden in kräftigem Rotwein ziehen läßt.

FOND DE BŒUF
(Consommé)
Rinderfond

Zutaten für 5 Liter - 800 g Rippenstück - 800 g Nuß - 800 g Bug - 1 kg Ochsenschwanz - 1 gespaltener Kalbsfuß - 250 g Karotten - 200 g Zwiebeln - 200 g Lauch - 100 g Sellerie - 1 Bouquet garni - 2 Knoblauchzehen - 2 Gewürznelken - 2 ungeschälte Zwiebeln, halbiert und angebräunt - 30 g grobes Salz - 10 g Pfefferkörner

Zubereitung

Am Vortag
Die Fleischstücke in einem großen Behälter blanchieren.
Abschäumen, abschrecken und abtropfen lassen.
Mit den grob geschnittenen Gemüsegarnituren, dem Bouquet garni, den Gewürznelken, dem Knoblauch, den angebräunten Zwiebeln, Salz und Pfeffer zusammengeben. Aufkochen lassen, Hitze verringern und 5 Stunden köcheln lassen. Die Bouillon muß eine sehr klare Bernsteinfarbe haben.
Am Ende der Garzeit die Garstücke herausnehmen, beiseite stellen und nach Bedarf verwenden (z. B. Hachis parmentier).
Die Bouillon durch eine Etamine filtrieren; den Bodensatz im Behälter lassen. Eine ganze Nacht kühl stellen.
Am nächsten Tag
Die Oberfläche der zu einem Gelee erstarrten und völlig klaren Bouillon entfetten.

FUMET DE POISSONS
Fischfumet

Zutaten für 2 Liter: 100 g geputzte und gewaschene Fischparüren (vorzugsweise Seezunge, Steinbutt, Lotte, Glattbutt) - 1 dl trockener Weißwein - 5 cl Noilly Prat - 30 g Butter - 50 g feingehackte Schalotte - 50 g feingehackte Zwiebel - das Weiße einer Lauchstange, feingehackt - eine Knoblauchzehe, zerdrückt - 1 Bouquet garni- 10 g grobes Salz - 3 Pfefferkörner, zerdrückt

Zubereitung

In einem mittleren Topf die Butter zerlassen und Schalotten, Zwiebel, das Weiße der Lauchstange, Knoblauch und Bouquet garni andünsten. Salzen und pfeffern (es empfiehlt sich, einige Champignonabfälle dazu zu geben). Die gut gewaschenen und zerkleinerten Fischgräten hinzufügen. Kurz andünsten. Mit dem Weißwein und dem Noilly Prat begießen. Auf ein Drittel reduzieren und 2 l Wasser hinzufügen. Aufkochen, sorgfältig abschäumen, die Hitze verringern und 30 Minuten auf sehr schwachem Feuer garen. Das Fumet ohne zu drücken durch eine Etamine filtrieren, damit sie klar bleibt. Beiseite stellen.

Für die Zubereitung einer Fischsauce kann man den Fumet entweder unverändert verwenden oder eine kleine Menge Muscheljus hinzufügen.

LES GELÉES
Aspik

Einen Aspik erhält man auf der Grundlage geklärter Bouillon, d.h. eines Consommés (siehe Rinderconsommé).
Für einen festen Aspik
– 1 l Consommé
– 7 Blatt Gelatine, in kaltem Wasser eingeweicht, ausgedrückt und zerlassen
In dieser Weise kann man je nach dem verwendeten Consommé Geflügel-, Rinder-, Kalbs-, Wild-, Fisch- oder Schalentiereraspik herstellen.
Wenn man ein flüssigeres Aspik wünscht, nimmt man entsprechend weniger Gelatineblätter.
Das Aspik kann mit Kräutern, Wein, Portwein usw. aromatisiert werden. Pro Liter Aspik rechnet man 1 dl Aroma.

MÉTHODES DE CLARIFICATION
Klärverfahren

Klären eines Geflügel-, Rinder-, Kalbs-oder Wildfonds.
Klären eines Fisch- oder Krebsfumets.

Das Konzentrat, das man durch langes Einkochen von Fleisch oder Fisch erhält, wird anschließend geklärt, so daß sich eine klare Flüssigkeit ergibt. Deren Klarheit ist trügerisch, denn das Konzentrat ist sowohl anregend wie auch reich an Nährextrakt und trotzdem leicht.
Wenn der Fond nach den Regeln zubereitet wurde, d.h. leise köchelnd, wird er sehr klar sein, so daß es unnötig ist, ihn zu klären (dies könnte dann der Fall sein, wenn das Fleisch bzw. der Fisch viel Albumin enthält).

Herstellung

Zutaten für 2 l Fond: 1 Karotte - 1/2 Zwiebel - 2 Lauchgrün - 1 Bund glatte Petersilie - 100 g rohes Hackfleisch (Rind, Geflügel, Fisch, Wild, wie benötigt) - 3 Eiweiß

Zum Entfetten des Fonds diesen eine Nacht im Kühlschrank abkühlen lassen und sorgfältig die Fettschicht entfernen, die sich an der Oberfläche gebildet hat. Anschließend aufkochen. Das Gemüse und die glatte Petersilie feinschneiden und das Hackfleisch hinzufügen. Die Eiweiße mit Eisstückchen zu schaumiger Konsistenz schlagen. Mit der Masse vermischen.
In den sehr heißen Fond gießen und ständig bis zum Wiederaufkochen rühren; dann bei sehr schwacher Hitze halten. Mit einem kleinen Schöpflöffel eine Vertiefung in die Mitte der Klärpräparation machen und eine Stunde köcheln lassen.
Von Zeit zu Zeit einen Schöpflöffel Fond herausnehmen und die aus den Geflügelbrüsten, den Gemüsen und dem Hackfleisch entstandene Kruste sowie die Verunreinigungen des Fonds begießen. Am Ende der Garzeit sorgfältig durch ein Spitzsieb filtrieren, das man mit Mulltuch ausgekleidet hat. Der Nachteil der Klärung ist, daß das Aroma des Fonds leidet, weshalb man bei der Zubereitung des Fonds mit größter Sorgfalt arbeiten muß, damit der Fond möglichst klar bleibt. Bei empfindlichen Fumets wie

Hummer- oder Wildfumets ist es besser, den Fond leicht trüb zu lassen, statt das Aroma zu beeinträchtigen.

Einen geklärten Fond bezeichnet man als Consommé.

Geklärte Butter

Man erhält sie durch Zerlassen und Abtrennen vom Bodensatz.

Auf sehr schwacher Hitze erwärmen und den Schaum abnehmen. Die Butter erscheint jetzt an der Oberfläche hell und durchsichtig, während sich am Boden des Topfs eine weißliche Substanz absetzt.

Das Abtrennen geschieht einfach dadurch, daß man die klare Butter ganz vorsichtig in ein anderes Gefäß abgießt. Der Bodensatz kann zur Herstellung von Kuchen oder Petits fours dienen. Geklärte Butter verträgt höhere Temperaturen.

TEMPERATUREN

Backtemperaturen

Gegenüberstellung		
Temperatur	Thermostat	Bezeichnung
90° C	Stufe 2 – 3	Mild
120° C	Stufe 4	Warm
150 – 180° C	Stufe 5 – 6	Mäßig
210° C	Stufe 7	Heiß
240° C	Stufe 8	Sehr heiß
270° C	Stufe 9 – 10	Maximum

Temperaturen von Fritieröl

Ich benutze ein Öl, das sich hoch erhitzen läßt. In der Reihenfolge, wie ich sie bevorzuge: Traubenkernöl, Erdnußöl, Kopraöl (aus zerkleinerten und getrockneten Kokosnußkernen), Sonnenblumenöl. Man unterscheidet folgende Fritierbäder:

– mittleres Fritierbad: 140° C (Garen ohne Bräunung, für langsames Garen)

– heißes Fritierbad: 160° C (z.B. Backen von Beignets und panierten Gerichten)

– sehr heißes Fritierbad: 180° C (schnelles Backen, durch das man eine schöne Bräunung erzielt).

Bei noch höheren Temperaturen beginnt das Öl zu rauchen; es kann sich entzünden und zersetzen. Es ist dann nicht mehr verwendbar, weil es gesundheitsschädlich ist.

ZUCKERKOCHEN

Das Verhältnis von Zucker und Wasser, das man für die Herstellung von Zuckerzubereitungen verwendet, richtet sich nach dem Verwendungszweck. Üblicherweise rechnet man zwei Gewichtsteile Zucker auf ein Gewichtsteil Wasser für die Zubereitung von Früchten, die in einem leichten Läuterzucker pochiert werden.

Wenn man Läuterzucker höherer Qualität herstellen will, kann man einen Teil des Zuckers durch Traubenzucker ersetzen (125 g Traubenzucker auf 500 g Zucker).

Wenn ich für meine Rezepte Zucker verwende, handelt es sich – sofern nichts anderes angegeben ist – um Zuckerraffinade erster Qualität. In vielen Fällen kann man auch Würfelzucker nehmen. Für das Zuckerkochen ist sehr exaktes Arbeiten notwendig. Ich empfehle:

– die Anschaffung eines Zuckerthermometers;

– die Verwendung eines Pfännchens aus reinem Kupfer, das sehr sauber sein muß (falls nicht vorhanden, einen Edelstahltopf mit dickem Boden verwenden);

– zu Beginn des Zuckerkochens einen Schuß Zitronensaft hinzuzugeben, damit der Zucker nicht klumpt;

– den Zucker langsam zu schmelzen und die Temperatur im Augenblick der Verwendung rasch zu erhöhen;

– den Zucker während der Zubereitung in keiner Weise zu rühren;

– die Ränder der Pfanne während der Zubereitung mit einem sehr sauberen, in Wasser eingetauchten Pinsel zu benetzen, damit nichts an der Kasserolle anhaftet.

Die Dichte des Zuckers wird in Grad Baumé (° B) ausgedrückt, die Kochtemperatur in Grad Celsius (° C). Ein Grad Baumé entspricht 22 g Zucker pro Liter Wasser.

Beispiele:

– für einen Sirup von 20° Baumé verwende ich (22 × 20) = 440 g Zucker auf 1 l Wasser;

– für einen Sirup von 30° Baumé verwende ich (22 mal 30) = 660 g Zucker auf 1 l Wasser.

Nach dem Kochen bis zum Bruch beginnt der Zucker sich zu verfärben und nimmt eine Karamelfarbe an.

Die wichtigsten Zuckerzubereitungen			
Bezeichnung	Grad Celsius	Grad Baumé	Beschreibung
Läuterzucker	100	25	dicker Sirup
Faden	103	30	Fäden
schwacher Flug	116	37	weiche Kugel
starker Flug	121	38	härtere Kugel
Bruch	149 – 150	40	Zucker bricht, haftet nicht mehr

GEWÜRZE UND AROMEN

Maßangabe für die Zutaten

1 Kaffeelöffel	= 1 cl Flüssigkeit
	= 10 g Zucker
	= 7 g Mehl
	= 6 g Salz

Ich empfehle, die verwendeten Gewürze wie z.B. Ingwer, Safran, Kreuzkümmel, Pfeffer und Salz abzuwiegen. Nur die Waage ermöglicht eine genaue Dosierung. Beim Abschmecken kann man dagegen mit Prisen arbeiten (für Gewichte wie z.B. 2 g Safranstempel eine Briefwaage verwenden).

Wenn ich Salz oder Pfeffer verwende und nichts anderes angegeben ist, handelt es sich um feines Salz bzw. Pfeffer aus der Mühle.

In der Küche verwende ich nur eine Qualität Pfeffer, sei es schwarzer oder weißer Pfeffer; es ist dasselbe Produkt. Schwarzer Pfeffer ist der nach der Ernte unverändert getrocknete Pfeffer. Weißer Pfeffer ist schwarzer Pfeffer, dessen Schale entfernt wurde. Schwarzen Pfeffer kann man für dunkle Saucen verwenden, weißen für helle Saucen. Unter einer Mignonnette versteht man zerstoßenen weißen Pfeffer. (Um Pfefferkörner zu zerstoßen, eine Kasserolle in einen Ring stellen. Mit einer kreisenden Bewegung drücken).

Ich ziehe es vor, Gewürzkräuter mit dem Messer zu hacken, damit ihr Saft nicht austritt und sie ihr Aroma bestmöglich entfalten.

KÜCHENFACHAUSDRÜCKE

Abschrecken: Blanchiertes Gemüse oder Fleisch zum Abkühlen in kaltes Wasser geben.

Andünsten: Speisen in einer Kasserolle erhitzen, damit sie ihre Flüssigkeit verlieren.

Bardieren: Zartes Fleisch mit Speckstreifen belegen, damit es beim Braten nicht austrocknet.

Blanchieren: In kaltem Wasser aufsetzen und aufkochen.

Bouquet garni: 30 g Petersilienstengel - 2 g Thymian - 2 g Lorbeer - 1 Selleriestange.

Bridieren: Zusammenbinden von Geflügel, Fisch oder Fleisch zur Bewahrung der Form.

Brunoise: Kleine Würfel von 5 cm Kantenlänge.

Butter:
– geschlagene: 10 Minuten mit dem Schneebesen geschlagene Butter, damit sie luftig wird (für Saucen).
– geklärte: siehe Seite 209.
– zerlassene: findet oft für Gerichte Verwendung, die mit dem Zusatz „nach Art der Müllerin" versehen sind. Die Butter wird erhitzt, ohne sie anzubräunen.
– braune: Langsam bis zur leichten Bräunung erhitzte Butter.
– geknetete: Weiche, geknetete Butter bei einer Temperatur von 25° C.

Duxelles: Gehackte Pilze, die in Butter angedünstet wurden, damit sie ihre Flüssigkeit verlieren.

Etamine: gitterartiges, durchsichtiges Gewebe.

Extrakt: Ein besonders stark reduzierter Fond. Extrakte stellt man aus Hühner- und Wildfleisch her.

Fumet: Man stellt Fumets aus Parüren von Huhn, Wild und Fisch her. Oft wird Wein dazugegeben.

Julienne: Lange und dünne Streifen.

Matignon: Grob gewürfelte Mirepoix.

Mirepoix: Regelmäßige Würfel von 1,5 cm Kantenlänge.

Panieren auf englische Art:
– Englische Panade: 1 ganzes Ei - 1 Eigelb - 2 cl Öl - 3 cl Wasser - Salz - Pfeffer. Mit dem Schneebesen miteinander vermischen.
– Panieren: die leicht bemehlte Speise erst in die Panade legen und anschließend in feines Paniermehl.

Parieren: Putzen, Überflüssiges wegschneiden, z.B. Haut, Sehnen, Gräten.

Parüren: Abfälle, die man durch Parieren erhält.

Reduzieren: Zu sirupartiger Konsistenz einkochen.

Roux: Mehlröstung in Fett oder Butter. Man unterscheidet braunen und weißen Roux.

Weiß kochen: In reichlich kaltem Wasser aufsetzen, dem man angerührtes Mehl, Zitronenscheiben und ein Bouquet garni hinzugefügt hat. Durch dieses Verfahren bleiben die Zutaten weiß.

Verzeichnis der Rezepte

BILDNACHWEIS

Seite 10 – 11: Théophile Schuler, *Picknick auf dem Lande bei Straßburg,* um 1750. Musée historique, Straßburg © G. Dagli Orti
Seite 12: Edouard Manet, *Spargelbündel,* 1880. Wallraf Richartz Museum, Köln. © Rheinisches Bildarchiv, Köln
Seite 17: Henri Matisse, *Stilleben mit Kürbis.* Museum of Art, Rhode Island School of Design. Anonyme Gabe. © Museum of Art, Rhode Island School of Design / Aufnahme von Cathy Carver. © 1992 Erbengemeinschaft Matisse
Seite 20: Juan Sànchez Cotàn, *Quitte, Kohl, Melone und Gurke,* um 1602. Museum of Art, San Diego. © The San Diego Museum of Art.
Seite 22: Audes Saül, *Das Fest der Krabbe,* Musée d'Art naïf de l'Ile-de-France © Musée d'Art naïf de l'Ile-de-France / Sammlung Max Fourny
Seite 24: Luis Meléndez, *Stilleben mit Melonen und Birnen.* Museum of Fine Arts, Boston. Fond Margaret Curry Wyman. © Mit freundlicher Genehmigung des Museum of Fine Arts, Boston.
Seite 29: Diego Rivera, *Sonntagnachmittagstraum im Park von Alameda,* Ausschnitt: *kleiner Obstverkäufer.* 1947 – 48. Fresko am Hotel del Prado, Mexiko. © G. Dagli Orti, D.R.
Seite 33: Vicent van Gogh, *Stilleben mit Makrelen,* 1886. Sammlung Oskar Reinhart, Winterthur. © Sammlung Oskar Reinhart.
Seite 36: Jan Davidsz de Heem, *Stilleben mit Blick aufs Meer,* 1646. Museum of Art, Toledo (Ohio). Fond Libbey Endowment / Gabe von Edward Drummond Libbey. © The Toledo Museum of Art.
Seite 39 und Seite 9: Pierre Auguste Renoir: *Südfrüchte,* 1881. Art Institute, Chicago. Sammlung Herr und Frau Martin A. Ryerson. © 1992 The Art Institute of Chicago
Seite 42: Georges Braque, *Die Zitronen.* Nationalmuseum, Stockholm © Nationalmuseum, Stockholm © 1992 ADAGP
Seite 44: Marcel Broodthaers, *Kasserolle mit geschlossenen Miesmuscheln,* 1965. Tate Gallery, London. © Tate Gallery / „Copyright estate Broodthaers"
Seite 46: Salvador Dalí, *Les Ecrevisses,* in *Les Diners de Gala,* Draeger éditeur, 1973. © 1992 ADAGP
Seite 48: Abraham Mignon, *Der Hahn.* Musées royaux des Beaux-Arts de Belgique, Brüssel. © Musées royaux des Beaux-Arts de Belgique / Speltdoorn et fils
Seite 52: Jean-Baptiste Siméon Chardin,

Speisen für die Genesung, um 1738. Nation Gallery of Art, Washington. Sammlung Samuel H. Kress. © National Gallery of Art, Washington.
Seite 54: Römische Kunst, *Stilleben mit Eiern und Wildgeflügel.* Museo Nazionale, Neapel. © Scala.
Seite 57: Diego Velàzquez, *Eier kochende Frau,* 1599 – 1660 National Gallery of Scotland, Edinborough. © Giraudon-Bridgeman
Seite 60: Kozo, *Ei.* Privatsammlung. © Kozo, D. R.
Seite 62 – 63: *Le Roman de Renart.* Französisches Manuskript aus dem 13. Jahrhundert. Bibliothèque nationale, Paris. © Bibliothèque nationale.
Seite 65: Osias Beert, *Stilleben mit Austern.* Museo del Prado, Madrid. © G. Dagli Orti
Seite 68: Pieter Claesz, *Stilleben mit Krebs.* Musée des Beaux-Arts, Straßburg. © Musée de la ville de Strasbourg
Seite 71: Anne Vallayer-Coster, *Stilleben mit Hummer,* Musée du Louvre, Paris. © G. Dagli Orti.
Seite 74: Frans Snyders, *Die Fischhändler.* Musée du Louvre, Paris. © Lauros-Giraudon
Seite 76: Gabriel Metsu, *Das Heringsfrühstück.* Musée du Louvre, Paris. © RMN
Seite 79: Frans Snyders, *Die Fischhändler.* Musée du Louvre, Paris. © Lauros-Giraudon
Seite 82: Gustave Courbet, *Die Forelle,* 1873. Musée d'Orsay, Paris. © Giraudon
Seite 85: Goya, *Stilleben mit Lachs.* Sammlung Oskar Reinhart, Winterthur. © Sammlung Oskar Reinhart.
Seite 88: Guiseppe Recco, *Stilleben mit Fischen.* Galleria Palatina, Florenz. © Scala.
Seite 90: Giorgio de Chirico, *Stilleben,* 1929. Galleria nazionale d'Arte moderna, Rom. © 1992 SPADEM
Seite 93: Pablo Picasso, *Fische und Flaschen,* 1909. Musée d'Art moderne, Villeneuve d'Ascq. © Musée d'Art moderne, Villeneuve d'Ascq. © 1992 SPADEM
Seite 96: Lukas van Valkenborch, *Der Winter.* Christie's, London. © Giraudon-Bridgeman
Seite 100: Jurij Wasnezow, *Komposition mit Fischen, 1928 – 30.* Russisches Museum, Sankt Petersburg. © Edimedia, D. R.
Seite 102 – 103: Georges Croegaert, *Fasan zum Diner.* Privatsammlung. © Edimadia
Seite 104 und Seite 9: Eugène Delacroix, *Stilleben,* genannt das Stilleben mit dem

Hummer, 1827. Musée d'Orsay, Paris © RMN
Seite 106: Pieter Aertsen, *Die Köchin.* Musées royaux des Beaux-Arts de Belgique, Brüssel. © Musées royaux des Beaux-Arts de Belgique.
Seite 109: Claude Monet, *Die Truthähne.* Musee d'Orsay, Paris. © RMN/J.-P. Lagiewsky
Seite 113: François Desportes, *Stilleben, Wild, Obst und Viola da gamba.* Musée international de la Chasse, Château de Gien. © G. Dagli Orti
Seite 116: Gustave Doré, *Die Kaninchen.* Illustration der Fabeln von La Fontaine. Librairie Hachette, 1868. Privatsammlung.
Seite 118: Salvador Dalí, *La Côte de Bœuf* aus *Les Dîners de Gala.* Draeger editeur, 1973. © 1992 ADAGP
Seite 121: Michel Honoré Bounieu (zugeschrieben), *Der Küchentisch.* Musée des Beaux-Arts, Caen. © Giraudon
Seite 124: Pieter Aertsen, *Der Ladentisch des Fleischers.* Art Collection of the University, Uppsala. © Art Collection of the University of Uppsala
Seite 127: François Desportes, *Geflügel, Wild, Gemüse und Obst in einer Küche.* Musée du Louvre, Paris. © RMN
Seite 131: Adriaen van Utrecht, *Die Speisekammer.* Museo del Prado, Madrid. © Artephot/Bridgeman Art Library
Seite 135 und Seite 9: Michel Honoré Bounieu, *Die Zubereitung des Pot-au-Feu.* Musée du Louvre, Paris. © RMN
Seite 138-39: Abraham Bosse (nach), *Der Geschmack,* um 1635. Musée des Beaux-Arts, Tours. © G. Dagli Orti
Seite 140: Adriaen Coorte, *Spargel und Artischocke.* Kurpfälzisches Museum der Stadt, Heidelberg. © Kurpfälzisches Museum der Stadt
Seite 142: Giuseppe Arcimboldo (?), *Der Gemüsegärtner.* Museo civico, Cremona. © G. Dagli Orti
Seite 144: Annibale Carracci, *Der Bohnenesser.* Galleria Colonna, Rom. © Scala
Seite 146: Pieter Aertsen, *Gemüseauslage.* Museum Boymans-van Beuningen, Rotterdam. © Museum Boymans-van Beuningen.
Seite 148: Anonymer Meister, *Küchenstilleben mit einer Darstellung des Emmauschristus,* Ausschnitt, um 1600 – 10. Privatsammlung. © D. R.
Seite 150: Spanische Schule, 17. Jh., *Stilleben mit Karde und Kohl.* Musée des Beaux-Arts et d'Archéologie, Besançon. © Musée des Beaux-Arts et d'Archeologie de Besançon
Seite 153: James Ensor, *Stilleben mit*

Kohl, 1892. Folkwang Museum, Essen. © Giraudon © 1992 ADAGP
Seite 156: Laurent Adenot, *Die Armenmahlzeit.* Musée des Beaux-Arts, Dijon. © G. Dagli Orti
Seite 158 – 59: Vincenzo Campi, *Die Ricotta-Esser.* Musée des Beaux-Arts, Lyon. © G. Dagli Orti
Seite 160: François Bonvin, *Stilleben mit Brie.* Musée d'Orsay, Paris. © RMN
Seite 162: Pieter Brueghel der Jüngere, *Schnittermahlzeit,* Privatsammlung. © Edimedia
Seite 164 – 65: John Henry Lorimer, *Tischgebet – das Fest der Großmutter.* Musée d'Orsay, Paris. © RMN
Seite 166: Adriaen Coorte, *Erdbeeren und Stachelbeeren.* Privatsammlung. © D. R.
Seite 169: Willem Claesz Heda, *Frühstück mit einer Brombeerpastete,* 1631. Staatliche Kunstsammlungen, Dresden. © Magnum/Eric Lessing
Seite 173: Jacques Linard, *Die fünf Sinne,* 1638. Musée des Beaux-Arts, Straßburg. © Lauros Giraudon
Seite 176: Louise Moillon, *Schale mit Kirschen.* Musée du Louvre, Paris. © RMN
Seite 178: Christian Berentz und Ciacinto Brandi, *Der Herbst.* Musée des Beaux-Arts, Nantes. © Musée des Beaux-Arts de Nantes
Seite 180: Luis Meléndez, *Orangen und Walnüsse.* National Gallery, London. © National Gallery
Seite 185: Pablo Picasso, *Komposition mit Birnen.* Ermitage, St. Petersburg. © Scala © 1992 SPADEM
Seite 189: Francisco Burgos y Mantilla, *Stilleben mit Trockenobst,* um 1610 – 18. Yale University Art Gallery, New Haven. Fond Stephen Carlton Clark. © Yale University Art Gallery
Seite 193: Paul Cézanne, *Grüne Äpfel,* 1873. Musée d'Orsay, Paris © RMN
Seite 197: John George Brown, *Die Mostmühle,* 1880. Terra Museum of American Art, Chicago. Sammlung Daniel J. Terra. © mit freundlicher Genehmigung des Terra Museum of American Art
Seite 200: Jean-Baptiste Siméon Chardin, *Die Brioche,* auch genannt *Ein Dessert.* Musée du Louvre, Paris. © RMN
Seite 202: Michel Geo, *Die wichtigsten tierischen und pflanzlichen Exportartikel* (Triptychon, Tafel II). Musée d'Art d'Afrique et d'Océanie. © RMN
Seite 205: Georg Flegel, *Stilleben mit Brot und Zuckerwerk.* Städelsches Kunstinstitut, Frankfurt. © Artephot/ Artothek.

213

REGISTER

DANKSAGUNGEN

Die Realisierung der Aufnahmen
wäre ohne die Mithilfe
zahlreicher Menschen und Firmen,
denen wir hier unseren Dank aussprechen,
nicht möglich gewesen:

Algorithme, Gold-Design.
Apilco, Porzellan.
Ancienne manufacture royale, Porzellan.
Antheor, Steingut
Aux fils du temps, alte Stoffe. Paris, 75007.
Au Bain Marie, Tafelkultur. Paris 75008.
Au puceron chineur, Antiquitäten. Paris 75004.
Beauville, Haushaltswäsche.
Bernardaud, Porzellan.
Christian Dior, Tafelkultur. Paris 75008.
Claude Robert für Quartz, Glasbläser.
Cristalleries de Baccarat.
Cristalleries royales de champagne.
Cristalleries Saint-Louis.
Dîner en ville, Tafelkultur. Paris 75007.
Edith Mezard für Thé citron sans sucre, gestickte Haushaltswäsche. Cavaillon.
Eric Dubois, Antiquitäten. Paris 75004.
Fanette, Antiquitäten. Paris 75015.
Gien, Steingut.
Jack Doré, Claude Michel, alte Werkstoffe. Auxerre.
Kalinger, Tafelkultur. Paris 75006.
Ka Shall, Tafelkultur. Paris 75006.
La boutique des arts décoratifs, Tafelkultur. Paris 75001.
La Châtelaine, Haushaltswäsche. Paris 75016.

Le Cochelin, Antiquitäten. Louvre des antiquaires, Paris.
Les étains du manoir.
Mathias création, Tafelkultur.
Muriel Grateau, Tafelkultur. Palais-Royal, Paris.
Nobilis, Stoffe. Paris 75006.
Odiot, Goldschmuck. Paris 75008.
Peter, Tafelkultur. Paris 75008.
Plasait, Goldschmuck. Paris 75004.
Puiforcat, Goldschmuck. Paris 75008.
Philippe Deshoulières, Porzellan.
Quartz, Glaswaren. Paris 75006.
Raynaud, Porzellan.
Réunion des musées nationaux, Tafelkultur.
Robert Haviland und C. Parlon, Porzellan.
Rubelli, Stoffe. Paris 75006.
Siècle, Goldschmuck, Haushaltswäsche, Steingut.
Thomas Boog, Raritäten.
Valérie Raymond-Stemposka, Keramikerin.

Unser ganz besonderer Dank gilt:
Christian Grunenwald,
Antiquitäten, marché Serpelle/Stand 25. St Ouen,
Stephany Brial, Valérie Huong, Emmanuelle Petit
für ihre Energie, ihre Zuverlässigkeit und ihre Geduld während dieser ganzen Arbeit.